U1011989

皖山

100

安徽文化旅游丛书

江淮行

Anhui Wenhua Lüyou Congshu
Jianghuaixing

Wan Shan

安徽省文化和旅游厅 • 编

黄山书社

《安徽文化旅游丛书·江淮行·皖山》

编委会

前言

安徽位于中国中东部，面积14万平方千米，其名字取自清代安庆府与徽州府首字。安徽是一片神奇而美丽的土地。一个“徽”字，集山水人文于一身，是安徽形象的生动描绘，是安徽旅游的真实写照。山有黄山、九华山、天柱山三山挺立，天堂寨、白马尖、齐云山钟灵毓秀；水有800里长江、800里淮河、800平方千米巢湖绵延交错，大小湖泊润如碧玉，幽谷深潭飞流跌宕；人有老子、庄子、曹操、华佗、周瑜、朱元璋、陈独秀、胡适、邓稼先等，他们引领时代，照亮时空；文有徽文化博大精深，徽派建筑和谐典雅，徽戏被称为“京剧之源”，徽菜闻名天下，徽商诚实守信，文房四宝描绘传奇。

为全面展现安徽丰富的山、水、人、文资源，在安徽省人民政府杨光荣副省长的策划和指导下，安徽省文化和旅游厅组织编写了《安徽文化旅游丛书·江淮行》，分《皖山》《皖水》《皖人》《皖文》4册，各精选100个名目，共计100多万字，图片1000多幅，是首部系统介绍安徽山水人文的旅游丛书。全省30多位作家、40多位摄影家参与编写，其间数易其稿，既集中展示了安徽的名山胜水、璀璨人文、风土民俗，又以全新的视角去解读那些共生共荣的自然之美、相依相存的人文之美，并深入挖掘诸多藏在深山人未识的绝美风光。它们犹如深山璞玉，徜徉其间，让人不禁发出“长恨春归无觅处，不知转入此中来”的感叹。

杨光荣副省长是丛书的创意者，他亲自设计丛书总体框架、分册纲目，把关行文特色、标题类别，审改版式编排、样书文稿，始终关心出版进程，倾注了大量精力和心血。省政府副秘书长章石生多次组织召开大纲审稿会，协调解决编写过程中的问题。省文化和旅游厅厅长袁华、时任省旅游发展委员会主任万以学精心指导丛书编写。省政府办公厅、原省旅游发展委员会、省文化和旅游厅相关同志承担了许多具体工作。项纯文、钱念孙、朱贵平、翁飞、戴健、徐子芳、孙叙伦、邓修全等30多位专家学者参与审稿。省委党史研究院、省水利厅、省文史研究馆、省政协文史委等单位倾力支持，相关市县积极协助，提供素材，在此一并表示感谢！

改革开放以来，特别是近年来，在安徽省委、省政府正确领导下，安徽文化旅游实现长足发展，“文化皖军”品牌愈发响亮，旅游产业迈入全国第一方阵。随着文化和旅游深度融合，“诗和远方”牵手相伴，安徽深厚的文化底蕴与丰富的旅游资源，必将催生更多更加灿烂美丽的花朵。

安徽是美丽中国的浓缩版、文化中国的精粹版、生态中国的体验版。江淮行，是赏心悦目、心旷神怡的自然山水之行，是品味文化、震撼心灵的历史人文之行。《安徽文化旅游丛书·江淮行》的出版，将成为了解安徽的资料书、畅游安徽的导引书、品读安徽的典藏书。

美好安徽，迎客天下！热忱欢迎海内外朋友来安徽，品味读山问水的神奇诗韵，感受徽风皖韵的独特魅力！

《安徽文化旅游丛书·江淮行》编委会

2019年5月

皖山

目录

名山胜景

人文佳境

生态福地

瑰丽峡谷

名山胜景

安徽名山荟萃，钟灵毓秀。

黄山集世界自然遗产、世界文化遗产、世界地质公园三顶桂冠于一身，举世闻名；天柱山为古南岳，一柱擎天，雄秀多姿；巍巍大别山，融人文与自然于一体而别有魅力。

登天都峰巅，看云起云落，通晓岁月兴味；拜莲花佛国，听缭绕禅音，洗尽尘世铅华。

天地大美，山岳无声。安徽名山知多少，群山在云霞中竞秀，瀑涧在层峦间流转，万千风韵写神奇。

黄山云海

❶ 黄山：黄山归来不看岳

黄山档案：

黄山位于安徽省南部黄山市境内，是中国十大风景名胜之一。奇松、怪石、云海、温泉、冬雪及人字瀑、百丈泉、九龙瀑，谓之“五绝三瀑”。它是世界文化与自然双重遗产，世界地质公园，国家AAAAA级旅游景区，国家级风景名胜区，全国文明风景旅游区示范点。

七十二峰松石奇

“薄海内外之名山，无如徽之黄山。登黄山，天下无山，观止矣！”因了明代大旅行家徐霞客的推赞，黄山得以获得“五岳归来不看山，黄山归来不看岳”的盛誉。

黄山集八亿年地质史于一身，经历了造山运动和地壳抬升，以及冰川和自然风化作用，才形成如今雄奇秀美的峰林景观。

黄山，远古称“天子都”，因为它雄伟秀丽又神秘莫测，先人认为是天帝和神仙的居所。又因其峰岩青黑，远眺苍黛如墨，到秦代，人们又称其为“黟山”。后来，传说轩辕黄帝在此炼丹，并得道升天，于是在唐天宝六载（747），唐玄宗李隆基敕令，改其名为黄山。

黄山有七十二峰，素有“三十六大峰、三十六小峰”之称。主峰莲花峰海拔1864.8米，与光明顶、天都峰并称为黄山三大主峰，云腾雾绕，拜月参天。

黄山融峰林地貌、冰川遗迹于一体，兼有花岗岩石、洞窟、泉潭溪瀑等丰富而典型的地质景观，形成“前山雄伟、后山秀丽”的地貌特征。

悠悠时光，漫漫岁月，大自然的鬼斧神工，创造了黄山的雄峻、秀丽与神奇。

黄山之奇妙瑰丽，主要体现在“五绝三瀑”。奇松、怪石、云海、温泉、冬雪，谓之“五绝”；人字瀑、百丈泉、九龙瀑，谓之“三瀑”。

黄山绵延数百里，千峰万壑，到处可见松的身影。松树分布于海拔800米以上的高山，以石为母，顽强地扎根于巨岩裂隙中。黄山松针叶粗短，苍翠浓密，干曲枝虬，千姿百态：或倚岸挺拔，或独立峰巅，或倒悬绝壁，或冠平如盖，或尖削似剑，或绕石而生，或破崖而出……真是“无峰不石，无石不松，无松不奇”。

黄山松，因其顶风傲雪的自强精神，坚韧不拔的拼搏精神，百折不挠的进取精神，众木成林的团结精神，广迎四海的开放精神，全心全意的奉献精神，而被提炼为“黄山松精神”。

黄山松中最为著名的是迎客松。迎客松在黄山玉屏楼左侧、文殊洞之上，倚青狮石而生，高10米，树龄至少已有800年，是黄山的标志性景观，也是安徽省的象征之一。从人民大会堂到众多的车站码头、厅堂馆所，都可见到迎客松的巨大画幅。迎客松雍容大度的形象，承载着拥抱世界的东方文化，已成为中国与世界人民和平友谊的象征。

迎客松与送客松、探海松、蒲团松、竖琴松、龙爪松、接引松、黑虎松、麒麟松、连理松合称“黄山十大名松”，它们与千松万木呼应相衬，为黄山增姿添彩。

在黄山，奇松与怪石往往相映成趣，如位于北海的梦笔生花以及喜鹊登梅、老僧采药、苏武牧羊等。

千岩万壑的黄山，几乎每座山峰上都有许多姿态不同的怪石。这些怪石，星罗棋布，点缀在波澜壮阔的黄山峰林中。它们形态别致，或大或小，争相竞秀，意趣无穷。

黄山怪石，有的酷似珍禽异兽，如“猴子望太平”“松鼠跳天都”“鳌鱼驮金龟”“孔雀戏莲花”“天狗望月”；有的宛如各式人物，如“仙人下棋”“天女绣花”“夫妻谈心”“童子拜观音”；有的形同各种物品，如“梦笔生花”“笔架峰”“仙人晒靴”“飞来石”“仙人指路”；有的又以历史故事、神话传说而命名，如“苏武牧羊”“太白醉酒”“武松打虎”等，栩栩如生。

黄山怪石，大的就是一座山峰，小的如同盆景。有的怪石因观赏角度的改变，景致随之变化，有移步换景之趣。如石门溪旁的“喜鹊登梅”，若从皮蓬景区的入口处观之，则变成了“仙人指路”；天都峰侧的“金鸡叫天门”，由天门坎再回首东望，又变成了“五老上天都”。

黄山有名称可指的奇石多达 120 余处。它们或形似，或神似，惟妙惟肖，妙趣横生。它们多以酷似的形态与优美的神话传说相结合，韵味天成，充满诗情画意。

观黄山怪石，大都是三分形象、七分想象，在人们寄情于石、情景交融的情境里，那一块块冥顽的石头仿佛有了鲜活跳脱的生命。

石是山的骨骼。有了石，黄山才显峻拔，而奇绝妙趣的怪石又使黄山多了一份俊朗的风骨。

黄山之春

云海温泉誉天下

黄山的仙风道骨之气，自然离不开那云蒸霞蔚的景象。

黄山有云海。云以海名，自然称奇。而奇妙之处，就是黄山之云海似海又非海，峰壑间云雾幻化，意象万千。自古至今，人们皆推云海为黄山第一奇观。

黄山每年平均有 250 多个雾日，尤其是雨雪天后，逢日出及日落之前，云海蔚为壮观。

黄山云海出现时，若登临山巅俯首云层，可看到漫无边际的云雾翻腾，如临大海之滨，有“惊涛拍岸，卷起千堆雪”之势。

云海铺展之时，漫天的云雾随风飘移，时而上升，时而下坠，时而回旋，时而舒展。这时，奇峰异石在云海中时隐时现，似真似幻，让人如临仙境。云海中的景物往往模模糊糊，虚虚实实，令观者捉摸不定，顿生幽邃、玄妙之感，给人一种朦胧、神秘之美。

云雾的扑朔迷离，稍纵即逝，使景色千变万化，每一分每一秒都不一样，从而构成了千变万化的云海大观。而云海渐逝之时，那一缕缕飘动的云雾，如一条

迎客松

条面纱飘逸在山峦间，妖娆多姿。

黄山云海按地理分为五个区域。莲花峰、天都峰以南为南海，也称前海；狮子峰、始信峰以北为北海，又称后海；白鹅岭东为东海；丹霞峰、飞来峰西边为西海；光明顶前为天海，位于前、后、东、西四海中间，因海拔高，云从足起，故而命名。

春夏秋冬、晨昏暮光，五海之间云雾缥缈，却又各不相同、各呈特色，美不胜言。正如古诗所云："白云倒海忽平铺，三十六峰连吞屠。风帆烟艇虽不见，点点螺会时有无。"

黄山之氤氲袅绕，除了云海，还有温泉。

黄山有温泉15处，其中被称为黄山"四绝"之一的黄山温泉，古称汤泉，源出海拔850米的紫云峰南麓、汤泉溪北岸。此泉有两个出水口，主泉口的平均温度为42.5℃，副泉口水温为41.1℃，水温、水量还随气温、降水量的变化而变化。其水质以含重碳酸为主，无硫，可饮可浴。此泉自唐代开发至今，已享誉千年。

据宋景佑年间无名氏著《黄山图经》记载，民间传说，轩辕黄帝曾在此沐浴七七四十九日，皱褶消除，返老还童，羽化飞升，温泉因此名声大振，故又被誉为"灵泉"。

黄山温泉又名朱砂泉。温泉的源头，相传来自朱砂峰。峰下有洞，洞中产朱砂。又传说黄山温泉每隔300年要流一次朱砂红水，这在《黄山志》中有明确记载。1948年，黄山温泉又涌流过一次红水，经化验证实就是朱砂。

黄山温泉，李白、贾岛、徐霞客、石涛等众多古今名士都曾沐浴其间，并留下赞美诗文。李白在《送温处士归黄山白鹅峰旧居》中写道："归休白鹅岭，渴饮丹砂井……"贾岛在《纪温泉》中有"一濯三沐发，六凿还希夷。伐马返骨髓，发白令人黟"的记述。明末文人吴士权描写黄山温泉云："清数毛发，香染兰芷，甘和沆瀣。"宋代诗人朱彦在《游黄山》一诗中评价："三十六峰高插天，瑶台琼宇贮神仙。嵩阳若与黄山并，犹欠灵砂一道泉。"郭沫若游览黄山后盛赞："尚有温泉足比华清池。"1979年，邓小平游黄山时为温泉亲笔题写"天下名泉"。

"黄山四季皆胜景，惟有冬季景更佳"。冬日的雾凇蔚为壮观。在云海中看霞光冲破雾锁，在玉屏峰倾听冰雪消融的声音，都是冬游黄山才能体验到的乐趣……

冬季的黄山另有一番美丽。数以万计的黄山松此时变成了"雪松"，当气温下降到零摄氏度以下，有雾或毛毛雨时，树木、石块等物体表面会形成一层冰晶式的覆盖物，这就是有名的"雾凇"。而雪中的黄山，更是晶莹剔透的世界。

飞瀑流泉醉诗文

黄山之水，除了温泉之外，尚有三十六源、二十四溪、二十潭、十七泉、三瀑、二湖、一池。其中的三瀑，即著名的"人字瀑""百丈泉"和"九龙瀑"，并称黄山三大名瀑。

古人评价"黄山三瀑"，言其兼有匡庐三叠泉瀑布和嵩山九龙湫瀑布之美。清代著名学者施闰章有诗为证："匡庐三叠天下溪，嵩岳九龙称神奇。何如此地独兼并，咫尺众壑蟠蛟螭。"

人字瀑，古名飞雨泉，在紫石、朱砂两峰之间奔涌而出，清泉分左右两股沿壁下泻，在天地山野间"写"成一个大大的"人"字，蔚为大观。

九龙瀑，源于天都、玉屏、炼丹、仙掌诸峰，在罗汉峰与香炉峰之间分九叠倾泻而下，每叠承接上面之水冲击形成一潭，称九龙潭。它是黄山山峦间最为雄奇壮丽的瀑布，古人赞其"飞泉不让匡庐瀑，峭壁撑天挂九龙"。

百丈泉在黄山青潭、紫云峰之间，顺千尺悬崖垂落而下，宛若一匹白练悬挂，甚为壮观。清代画家查士标诗赞曰：“倒挂苍崖百丈寒，界破青山一匹练。”

此外，黄山还有五龙潭瀑布和云谷小瀑布等多处瀑布。正如明代诗人谢室《入黄山》所描绘的那样：“入山千万曲，曲曲皆清溪。绝溜挂青壁，晴光含翠微。”

黄山不仅是一座美丽的自然之山，还是一座丰富的艺术宝库，有着丰厚的文化遗产。

黄山现有楼台、亭阁、桥梁等古代建筑 100 多处，多数呈徽派风格，翘角飞檐、古朴典雅。

黄山现存历代摩崖石刻近300处，篆、隶、行、楷、草诸体俱全，颜、柳、欧、赵各派尽有。

美丽又神奇的黄山还孕育了“黄山画派”，孕育了梅清等画家，创立了以黄山为主要表现对象的山水画派，在中国画坛独树一帜。当代艺术大师刘海粟一生十上黄山，采用独特的泼墨技法，创作了大量以黄山为题材的艺术佳作。

历代文人雅士在观赏美景的同时，留下了浩如烟海的文学作品，流传至今的就有 2 万多篇（首）。其中李白游览黄山时留下 “黄山四千仞，三十二莲峰。丹崖夹石柱，菡萏金芙蓉”的诗句，传诵至今。

黄山，一座风光之山，一座文化之山，一座自然之山，一座世界之山，一处天地留存在人间的宝贵遗产。徽文化簇拥着天下奇山，天下奇山又守望着徽文化的博大和深远。以黄山为圆心，方圆百里，分布着众多秀美山峦，又有西递、宏村等古村落，山水人文的魅力吸引着海内外游客。

黄山，是世界自然遗产、世界文化遗产，它的魅力，是大自然的造化，身临其境，方知其绝。

② 九华山：莲花佛国　地藏道场

九华山档案：

九华山风景区位于青阳县境内，是首批国家重点风景名胜区、国家AAAAA级旅游区、全国文明风景旅游区示范点、国家首批自然与文化双遗产地，与山西五台山、浙江普陀山、四川峨眉山并称为中国佛教四大名山。

天开神秀九芙蓉

中国佛教四大名山之一的九华山，是以自然风光、佛教文化与人文胜景为特色的山岳型国家级风景名胜区。唐朝李白在其诗《望九华赠青阳韦仲堪》中云：“昔在九江上，遥望九华峰。天河挂绿水，秀出九芙蓉。”

九华山天开神秀，清丽脱俗，是大自然造化的精品。境内群峰竞秀，怪石林

九华山花台

立，九大主峰如九朵莲花，千姿百态，各具神韵。景区内处处有清溪幽潭、飞瀑流泉，构成了一幅幅清新自然的山水画卷。入山中，可观云海、日出、雾凇、佛光等自然奇观，气象万千，美不胜收，素有“秀甲江南”之誉。

去九华山，一定要登天台。天台峰是九华山的第三高峰，海拔 1300 多米。民间有“不登天台，等于没来”的说法。

在天台峰上极目远眺，天地浑然一体，长江如练隐隐可见。周围的岩石，奇形怪状，多呈黝黑色。在天台峰上看日出，其瑰丽景色不亚于在泰山日观峰看日出，因此“天台晓日”被列为“九华十景”之一。

天台峰顶有天台寺，又名“地藏寺”“地藏禅寺”，为九华山位置最高的寺院。平均海拔约 640 米的山中盆地九华街，早在东晋隆安五年（401），就有天竺名僧杯渡在芙蓉岭下创建茅庵。四周青峰耸翠，环街成城，是九华山的核心景区，为香客游人集散地。这里老街店铺、寺庙林立，僧俗共处，农禅并重，是九华山人文景观荟萃之地。

九华山重峦叠嶂，怪石嵯峨，尤以峰、石组成奇景，妙绝天下。据传金地藏初来九华山时，曾到拜经台诵经 49 天。天台和拜经台处数十座奇峰怪石组成诵经和听经的场景；足印石、观音慈航石、大鹏听经石、仙人击鼓石和金龟石等，惟妙惟肖。而九子岩山巅直立的 9 块形态各异的巨石，酷似九童子相携嬉戏，情趣横生。而七贤峰巅有直立石柱7座，似人若仙，传说为七贤游蓬莱。

人文与自然荟萃

九华山有“莲花佛国”之称，不仅因其山似佛座莲花盛开，也不仅因其连绵山峰形成的天然睡佛令人讶叹，更在于其佛教文化的源远流长，博大深厚。

东晋时期，佛教即传入九华山区。据明嘉靖年间编撰的《九华山志》记载，东晋隆安五年，天竺僧杯渡至九华山化城峰（今九华街）始建茅庵，曰“九华”。清嘉庆《大清一统志·池州府志·仙释》也载，晋安帝隆安五年，杯渡从安禅峰卓锡化城之址，始创道场，传为佛教开山第一人。

公元719年，新罗国王子金乔觉渡海来唐，卓锡九华，苦心修行75载，99岁圆寂。因其生前逝后各种瑞相酷似佛经中记载的地藏菩萨，僧众尊他为地藏菩萨应世，九华山遂被辟为地藏菩萨道场。自此，寺院日增，僧众云集，香火之盛甲于天下。

长期以来，九华山上的各大寺庙佛事频繁，晨钟暮鼓，梵音袅袅，朝山礼佛的教徒信众络绎不绝。九华山现存寺庙99座，僧尼近千人，佛像万余尊。其中化城寺等九座名刹，被列为汉族地区全国重点佛教寺院。

九华山历代高僧辈出，从唐至今自然形成了18尊肉身，现有6尊可供观瞻，其中明代无瑕和尚肉身被崇祯皇帝敕封为“应身菩萨”，为九华山增添了一份庄严神秘的色彩。

山川锦绣，佛盛文昌。九华山的文化底蕴也是深厚绵长。晋唐以来，陶渊明、李白、杜牧、苏辙、王安石等文坛大儒游历至此，吟诵出一首首千古绝唱。而黄宾虹、张大千、刘海粟、李可染等画坛巨匠也挥毫泼墨，留下了一幅幅传世佳作。

其中，唐代大诗人李白三上九华山，写下了数十首赞美九华山的不朽诗篇，尤其是“妙有分二气，灵山开九华”，成了九华山的“定名篇”。

苏辙的“忽惊九华峰，高拱立我前。萧然九仙人，缥缈凌云烟”之句，则将九华的雄峻秀丽尽展世人眼前。

而宋朝诗人陈岩的“笑闯黄冠高切云，前携后掖互相亲。我来历历披云看，试问肩随是几人”，描述了千百年前的九华盛景。

九华山现存文物2000多件，历代名人雅士的诗词歌赋500多篇，书院、书堂遗址20多处，其中唐代贝叶经、明代大藏经、血经，明万历皇帝圣旨和清康熙、乾隆墨迹等堪称稀世珍宝。

九华山历史文化丰厚，历史上文人雅士除了以诗文赞美，还留有数百处摩崖石刻，分布于全山各景点。这些摩崖石刻，笔力苍劲，字体秀美，具有名家风范。署款的有高僧，有军人，有名士，还有普通游客。石刻气势磅礴，文采飞扬。

九华山生态环境极佳，森林覆盖率达90%以上。茂密的森林植被系统起着涵养水资源、保育土壤、固碳释氧、净化大气环境和保护生物多样性的作用，使九华山成为天然氧吧和动植物基因宝库。目前山中有1460多种植物和216种珍稀野生动物。行走山中，珍稀树木、奇异花草、珍禽异兽等皆可遇到。

九华山的后山同样秀美绮丽，已经开发了莲峰云海景区，距青阳县城西南8千米，为国家AAAA级旅游景区。主峰莲花峰海拔高1048米，在相连几座山峰的簇拥下，远观如盛开的莲花吐蕊展瓣，亭亭玉立于群山之中。每当云雾弥漫山谷之际，群峰时隐时现，宛如出水芙蓉，又似烟波浩渺的海上浮动着的蓬莱仙岛。

莲峰云海景区也曾经庙宇众多。这里的广福寺，原为宋超回书堂。宋超回即南唐宰相宋齐丘。下莲花峰有石雪庵，亦称莲花庵。漫步莲花云海之中，诵经声连谷响，梵音随溪流。景区内粉墙黛瓦的徽派建筑和金碧辉煌的庙宇错落在青山绿水间，令人赏心悦目。

3 大别山：南北大别之山

大别山档案：

大别山坐落于安徽、湖北、河南三省交界处，西接桐柏山，东延为霍山和张八岭，东西绵延约380千米，南北宽约175千米。西段呈西北—东南走向，东段呈东北—西南走向，长270千米。山地主要部分海拔1500米左右，是长江与淮河的分水岭。

群山叠翠秀巍峨

大别山是我国中部自西向东、蜿蜒于长江和淮河之间的一条重要山脉，属于鄂、豫、皖三省相连的边界地区，其山脉大部分位于安徽省境内。它常年云雾缭绕，自然风光秀丽，集“高、雄、峻、特”为一体，气势磅礴，巍峨壮观。

大别山名称最早的文字记载来源于我国第一篇区域地理作品《尚书·禹贡》：“导嶓冢，至于荆山；内方，至于大别……嶓冢导漾，东流为汉；又东，为沧浪之水；过三澨，至于大别，南入于江。”意思是说，开通嶓冢山到达荆山；开通内方山到达大别山……从嶓冢山开始疏导漾水，向东流成为汉水；又向东流，成

雪霁大别山

为沧浪水；经过三澨水，到达大别山，向南流进长江。

大别山脉连绵数百里，是中国长江和淮河的分水岭。因此大别山南北的气候环境截然不同，植物分布差异也很大。相传汉武帝祭祀古南岳天柱山时登上大别山主峰，观赏了南北两侧的景色后不禁感叹：“山之南山花烂漫，山之北白雪皑皑，此山之大别于他山也。”随行的史学家司马迁将这段话记录了下来。也有说法说这话是李白说的，有待考证。但大别山的确不同于他山，有自己独特的魅力。

大别山之名的由来还有一个传说。相传大别山原是一片汪洋，一日，玉帝的神鳖在汪洋中嬉游，太上老君想将它捉住带回，哪知神鳖不愿回天庭，便化作千里绵延的山脉。王母娘娘让仙女们到花园里采些种子撒下，大鳖山顿时变成一处人间仙境。仙女们见大鳖山如此美丽，便偷偷下凡游玩，在山中遇一年轻人董永，七仙女竟与其相爱并生儿育女。玉帝命天将押回七仙女，大鳖山成了董永和七仙女分别之地，大鳖山因此被称为大别山。这个传说应该很早就有了，如宋代彭天益有《大别山》诗云：“江汉西南万里来，双流合处耸崔巍。神鳌载得蓬瀛去，金

白马尖

粟擎将世界回。”

大别山自古以来就是重要的军事战略要地。春秋战国时期，这里是诸侯谋争之地；楚汉和宋元时期，这里是拼搏厮杀的古战场；元代和明代时期，统治者在这里建衙设治；元朝末年，这里是农民起义军的根据地……

从大别山发源的河流众多，山南麓的水流入长江，山北麓的水流入淮河。而大别山乃淮河之源，因为淮河，才有了古朴厚重、兴盛发达的淮河文化。安徽的简称“皖”即源自于皖山和皖水，皖山即天柱山，属大别山；皖水即皖河，发源于大别山，流淌在安庆大地。

大别山河网密集，相对海拔高，因此水力资源丰富。大别山四周都建有人工水库，著名的有佛子岭水库、梅山水库、龙河口水库、花凉亭水库等，它们也是秀丽的水利风景区。

大别山脉上山峰林立，围绕这些山峰又有很多世界级、国家级的地质公园，是地质考察和旅游的绝佳之地。比如潜山境内的天柱山，属安徽省三大名山（黄山、九华山、天柱山）之一，早在汉武帝时就被封为“南岳”。金寨县境内的天堂寨，则被誉为“华东最后一片原始森林”。此外，还有峰峦嶙峋的“白马尖”、积翠拥黛的“天河尖”、云雾缭绕的“多云尖”……

大别山还是中国禅宗文化的重要发祥地，岳西的司空山被原中国佛教协会主席赵朴初称为“中国禅宗第一山”，是二祖慧可讲经传教之地。大别山上还有很多寺庙，著名的有多云尖上始建于唐代的白云寺等。它们一起形成了大别山的禅宗文化。

红色与绿色相辉映

不同的气候、地形条件杂糅在一起，注定了大别山的千姿百态。在大别山，你可以领略到北国风光，也可以体会到江南神韵。秀丽的山水，丰富的人文，让大别山极具风情。六安市张店镇就有一处大别山风情谷，是国家AAAA级旅游景区。

这里有大别山脉最幽静、最清新的生态环境，被誉为安徽的“九寨沟”。谷中，陡峭的绝壁被一分为二，幽深的峡谷从绝壁之下蜿蜒而过，串起溪流、瀑布、池潭、石滩……神奇的地貌，是大自然的馈赠。

景区内散落着山涧裂谷、崖洞奇石、泥棺洞屋、太平寨岩居遗址、云台峰、奇石天门井、花戏楼等自然景观和历史遗迹，给人们留下无限遐思。其中的悬崖神韭菜、石窟古民居遗址、独特的地质奇观、神秘悬崖泥棺、古城墙遗址、绝壁千年木桩被称为“风情谷六大奇观”。

大别山一带自古以来地灵人杰，英才辈出。特别是近代，大别山成为中国传播马克思主义和建立中共地方组织最早的地区之一。早在 1920 年，寿县人高语罕就受陈独秀委托回安徽从事建立党团组织工作，其编写的《白话书信》是安徽省最早、最系统的传播马克思主义的课本。在建党和大革命时期，大别山区成为中国共产党在鄂豫皖三省活动的中心区域之一。

大别山区更是著名的革命老区，是中国工农红军第四方面军诞生的摇篮。无数人从这里起步，走上了革命道路，大别山中的金寨县就是有名的将军县。特别是 1947 年夏天，刘邓大军挺进大别山，在中国革命史上留下了光辉的一页。因此，大别山区也成为红色与绿色相结合的特色旅游地，是一处精神与风光并存的高地。

正所谓：“江山如此多娇，引无数英雄竞折腰。”大别山层峦叠嶂、奇峰异岭，云蒸霞蔚、雾锁烟笼，流泉飞瀑、沟壑纵横，山深林密、奇花异草。其奇秀的风光，独特的自然环境，还孕育出了许多珍贵的中草药和闻名海外的茶叶。遍布山野的名贵药材有鱼鳖草、石斛、石耳、灵芝、百合、天麻、茯苓、杜仲等。茶叶则有六安瓜片、霍山黄芽、金寨翠眉、桐城小花、岳西翠兰等众多名茶。特别是六安瓜片，是国家级历史名茶。

“滚滚长江水，苍苍大别山。古今人老尽，山水镇长闲。”历经沧海桑田，看尽风云变幻，今天的大别山不但是一处风景优美的名胜，更是山水相守相望、皖风皖韵悠长的美好家园。

④ 天柱山：一峰高耸擎日月

天柱山档案：

天柱山位于安庆潜山市西北部，因主峰如“擎天一柱”而得名。汉武帝曾敕封其为南岳，为安徽省三大名山之一，主峰海拔为 1489.8 米，景区规划保护区面积为 304.02 平方千米，风景区面积为 102.72 平方千米。

峰奇石怪名天下

天柱山为大别山余脉，曾名霍山、潜山、皖山、皖公山、万岁山、万山等。

据记载，西汉元封五年（前 106），汉武帝刘彻行南巡狩，自浔阳，顺江而下，入皖口，溯水而上，登礼天柱，“号曰南岳”。直到隋文帝诏改衡山为南岳，其间近 700 年，天柱山一直被称为南岳。南岳称号南移后，天柱山以“古南岳”之名称于世。

天柱山主峰

春秋时，周王朝于此置皖国，封皖伯大夫治皖，天柱山属皖伯封地，所以又名皖山。为颂扬皖伯大夫治皖有方，德政清明，亦称皖公山。山下有皖水，安徽建省后，皖也就成了安徽省的简称。

天柱山的主峰为天柱峰，一柱擎天，众峰呼应。飞来峰、天池峰等千米以上的高峰有 45 座，环立天柱峰四周。

天柱山的山峰多由混合花岗岩组成，峡谷分割，危崖陡峭。地质的作用和岁月的剥蚀，使得天柱山诸峰孤峰兀立，怪石嶙峋。如陡如层塔的天柱峰、含苞待放般的莲花峰、球状风化的仙鼓峰、与仙鼓峰相映成趣的鼓槌石、巨石巍列三台的三台峰、石如天来冠于峰顶的飞来峰等。还有飞虎、天狮、麟角、五指、仙拳、石榴、天池等诸峰都因峰顶石头形状而得名。

可以说，石给了天柱山非凡的景象，更给了天柱山坚硬的架构与特质。众峰之间，集天柱山特质之大成者，当属天柱峰。

天柱峰，简称主峰，在潜山县城西北约 30 千米的深山中。《史记》《汉书》

天柱山飞来峰

均有记载。它与周围岗峦似是断隔却又衔接，如春笋状平地拔起500余米。如钢锥，如石柱，如青莲花，如玉芙蓉，如刺天宝剑，如擎天巨臂。峰顶南壁及峰体横向镌有“孤立擎霄”“中天一柱”“顶天立地”，这些石刻都是对天柱山主峰奇特造型的生动描绘。

天柱山蜒蚰石

天柱山名崖众多，其中以会真崖、龙吟虎啸崖、试心崖、百花崖、千丈崖、道士崖、焙药崖、青龙崖为代表。

龙吟虎啸崖怪石嶙峋，气势磅礴。山风吹来，松如龙吟，谷如虎啸。试心崖，是天池峰北侧绝壁，隔深壑与天柱峰相对，峭削千仞，俯视目眩。雨霁云稀时，这里是观看天柱“佛光”的最佳处。

焙药崖，位于天柱峰东南、良药坪北，相传为汉末左慈焙药炼丹之处，至今有清幽的炼丹池。崖边有一平台，台上池水清澈，常年不盈不涸，气象有变时，云雾生发，袅袅依依，形成“潜阳十景”中的“丹灶苍烟”。崖上有石纹如天门，又有石纹如裙袂飘然的仙女，令人称奇。

天狮峰与覆盆峰之间有一狭谷，上凌霄汉，下临深渊，俗称“剪子叉”，这就是大天门。崖势陡险，履云摩天，望而生畏，游人无不称绝。由此沿千级石阶北下，可达积翠谷，通千丈崖、东关诸峰；由此顺阶南下，可通鹊桥、幽谷、牧羊河；由此顺阶向东攀壁而上，可登天狮峰顶。

青龙背之春色

赢得文豪竞歌吟

山势雄伟高险，自然云遮雾绕。在天柱山，既可观云海，也可见佛光。这里还可见到一道独特的景观——天柱晴雪。

天柱晴雪，俗称“六月雪”，位于天柱山青龙涧北面的山岗上。这里翠岭环围，松杉繁茂。万绿丛中，露出一片沙岗。常年似冰封雪压，尤其是雨后初晴，阳光辉映，沙砾经雨水洗滤后，如皑皑白雪，格外洁净无瑕。明代诗人李匡有诗赞道：“五月六月寒常住，千年万年雪不消。”在炎热的六月，若能身临其境，一定会顿感凉意。

天柱晴雪的成因与此处的地质、地貌形态有关。“雪山”由以长石为主、石英含量相对不高的混合花岗岩组成，岩石经常潮湿，日晒夜冷，岩石表层渐渐风化剥落，逐渐松散成砂，日积月累，堆积成岗，日光月色映照，晶光四射，莹然似雪。

天柱山的水总是贴着山的“皮肤”幽幽地流动，刚雄的天柱山因此有了氤氲和温度。而水声和虫声、鸟声交映，又如天柱山的款款细语。

山间蜿蜒的水，又形成一条条瀑布。青龙涧、丫字瀑、黑虎瀑、雪崖瀑、激水瀑、飘云瀑，或卧或挂，极尽了水的风情、水的深情、水的激情。

天柱山胜境

天柱山多松，有风来袭时，自然是松涛声声。奇松因形具名，如虬龙松、鹰松、伞松、姊妹松、麒麟松、玉壶松、五妹松……其以石为伴、以山为背景，在风中或袅娜起舞，或孑立挺拔，为山野添姿。

由于天柱山风景奇特，独具优势，历代达官名宦、文人学士，如李白、白居易、李翱、王安石、苏东坡、黄庭坚、陆游、杨万里、李元阳、胡缵宗等，无不为天柱山胜景所吸引。他们或远眺，或登临，或结庐而居、筑亭而读，或吟诗作文、刻石勒名，留下了许多传世的诗文和珍贵的人文景观。

白居易诗曰："天柱一峰擎日月，洞门千仞锁云雷。"王安石诗云："水无心而宛转，山有色而环围。穷幽深而不尽，坐石上以忘归。"……这些诗文歌颂了天柱山之雄奇壮丽，至今引得游人低回吟诵，流连忘返。

唐天宝七载（748），李白远眺天柱峰，挥笔写下《江上望皖公山》一诗："奇峰出奇云，秀木含秀气。清晏皖公山，巉绝称人意……"

宋代大文豪苏东坡曾任舒州团练副使，得知天柱山恰在舒州境内，于是长叹："青山祇在古城隅，万里归来卜筑居。"

天柱山的优美，诗文真是难以说尽，只有身临其境，你才能深切感知。

5 天堂寨：华东最后一片原始森林

天堂寨档案：

天堂寨位于安徽省六安市金寨县与湖北省罗田县交界处，国家 AAAAA 级旅游景区。天堂寨古称“多云山”，最高峰海拔 1729.13 米，为大别山主峰之一，景区总面积 120 平方千米，其主要景点有白马大峡谷、龙剑峰、白马峰、瀑布群等。

云生山峰　峰住山寨

天堂寨古称衡山，又名多云山，是大别山脉第二主峰。其所在的大别山，是中国南北水系的分水岭，山北之水向北注入淮河，山南之水往南流入长江。

跨进天堂寨，入耳的是哗哗水声，水流聚集山的灵气，风吹树摇，满目葱茏。一汪水在海拔 1729 米的天堂顶“生根”，盛水的天塘经年累月不溢不涸，滋养了不老的山寨。

“踏遍黄峨岱与庐，唯有天堂水最佳。”正是水，让天堂寨“山以云为衣，云以山为体，烟云缭绕”，成为花的海洋、动植物的天堂；也因为这水，古老的山寨植被丰茂，古树参天，被誉为“华东最后一片原始森林”“娃娃鱼的故乡”。

在美丽的“瑶池”边流连，对水成影，和周边古寨、山石、竹木融合在一起，心也变得宁静，唯有水声由近及远、由远及近地冲濯着呼吸，呼吸也因此干净、纯粹了。

“清水石上流。”有情有意的水养育了瀑潭溪泉，也滋润了藏在大山深处的古寨。天堂寨的水无疑是山的明眸，多情温柔又意气风发。

雄关漫道，崇山峻岭，茂林修竹，龙潭飞瀑，奇松怪石，天堂寨自古就有“吴楚东南第一关”的美誉。水在这关隘里悬流、逸动，成就了山险林密、草青花红。

天堂寨的第一座屯兵大寨、第一座烽火台为楚国所建。“五霸”争雄，吴头楚尾，烽火狼烟有多少和山寨关联？如今天堂寨存留着多处山寨遗址，它们古

天堂寨飞瀑

朴而陈旧，早已融入天堂寨的自然风光之中，沧桑又沉重，令人唏嘘。据史料记载，南宋末，程伦为抗元在天堂寨峰建山寨。之后，山寨毁而建，建而毁，反复更迭，在时间的长河里沉沉浮浮，彰显着独特的生命力。“兹山独储英，群雄出其间”，如此诗句，山因寨而得名，寨又存于山中，可谓相得益彰。“白云生处有人家”，云生山峰，峰住山寨。

诸峰叠翠 飞瀑流韵

以寨闻名、以水取胜的天堂寨胜境，有太多的令人惊喜之处。

天堂寨的水呈现为泉、瀑、潭、溪，一百零八道瀑布，叠落在山间，构建了水的骨架，将天堂寨的景色叠加成为一个整体，秀、幽、雄、险。尤其令人称奇的是在天堂寨林区方圆两千米的范围内，形成了五个接力式瀑布——九影瀑、情人瀑、泻玉瀑、淑女瀑、银弓瀑，山水一层层地传递，或泉或潭或溪，漾满了惬意的活水。

天堂寨

五大瀑布挥洒自如。九影瀑，瀑高71米，宽约18米，下有深潭，清幽澄澈，瀑布水帘凌空而下，巨音轰鸣，它应是天堂寨水势的总发布者。情人瀑，高44米，宽近15米，为断崖式跌落，几度折叠，宛如少女对窗拨弄秀发。泻玉瀑，滚珠泻玉，下跌石坪，正是浪卷白雪。悄然而立，俯看绿树参天染透百嶂，仰望长空浩然瞬息万变，惊叹此景是天上落下的。淑女瀑，高57米，它从花岗岩斜面飘逸而下，宛如轻纱曼舞的少女，飘落在碧水幽潭。银弓瀑，则似一张待发的银弓，以山屏为障，以绿树繁花为掩体，似欲将一枚银箭射出。它以素练为据，飞挂长空，又从松影和白云中飞溅，玉树琼花，满山欢腾……

山有文气，石有沧桑的历史感。天堂寨观景台西边一处名曰“屈原问天”崖，周边散落的笔架岩、落笔峰、剪刀石、书童追主、书箱等，就足以将一段佚事还原。据称，屈原取道寿春翻越大别山，一路忧国忧民，就在天堂寨写下了千古名篇《天问》。山走心绪石留印迹，屈原问山问水问自己，终而在天堂美景中问天，可谓得天时地利。

天堂寨还有龙剑峰、白马峰、白马大峡谷等景点，它们或豪放或婉约，都体现着天堂寨的古意和今情。

龙剑峰，连绵 5000 米，全然一派硬朗的形象，山脊岩石凸起，远观就是一把巨剑。雷劈石、拐杖松、连理松、天梯、恋石松、三友松，点缀着龙剑峰的雄奇。

白马峰，海拔 1480 米，连绵数十里。山峰西侧绝壁千仞，山脊雄奇险峻。每当狂风大雨，流水顺石壁倾泻，飞瀑急流奔腾而下。石马奔突，马鞍夕照，马尾晴雪烟云弥漫，马首早已突进了天宇。

白马大峡谷，峡谷天凿地造，深潭遍布，清凉而又神秘，古石如群象戏水、珍珠抛落，水声、松声、鸟声或此起彼伏，或齐声奏鸣，完全是不同的景象。

天堂寨山、石、泉、水、云、松、雾、瀑交织在一起，散发着变幻无穷的魅力。遇一株奇草可叹，见一块怪石可品，过一道瀑布可咏，登一座秀峰可歌，进一栋古寨可梦……

走进天堂寨脚下的古民居，古街、古井、古码头、古建筑、古民宅、古集市，加之古风、古情、古俗，独特的风格，精巧的构思，再现了天人合一的妙境。

6 白马尖：大别山第一主峰

白马尖档案：

白马尖位于霍山县境内，成山于燕山运动晚期，为花岗石山体。是国家AAAA级旅游景区，同时也是大别山国家地质公园的核心园区——白马尖园区。

白马尖位于安徽霍山县金竹坪和岳西县交界处，因形似天马飞腾，且一峰独秀、群山俯首而得名。

叫尖的山不多，但白马尖唯用“尖”才确切，峰或巅或山，都不足以描述它的特征与品格。

信步白马尖，俯仰间山势磅礴、白云缭绕、古木参天、清溪激湍，高、雄、峻、特等诸多山川元素直扑眼帘。

白马松

白马尖的景观直奔1770余米高处，由三个层面构成——水、石、松。水为底座，石安腰身，松在险处。水声潺潺，石奇兀立，松涛阵阵，亲水、近山、倚松，每临其境，心旷神怡，一种返璞归真的感觉油然而生。

水是生命之源，白马尖的水养育了山。山泉水汩汩而来，汇集成因山势聚集的三个湖泊，水清澈见底，山和树投下影子，小风吹来，湖中山水多了跃动的层次。湖泊依山，水势顺山而下，经过三个坝区。坝区如不同的音域，演奏不同的乐曲，好生美妙。若是沉下心来，观望水流湍动，还会发现在一汪汪水中，小鱼和蝌蚪优雅地摆着尾巴。“蛙声一片山中来”的意境如画般铺陈开来。

沿着湖区山道，随溪流探源，掩映在古木中的峭壁、奇石历历在目。形状各异的怪石，用不同的形态，表达对一座山的依恋：虎头岩形似饿虎扑食，飞来石拔地而起，蛤蟆石岿然不动，拱状山似动非动……白马尖的石头似乎会说话、会舞蹈、会行走，栩栩如生。

无限风光在险峰，作为大别山第一主峰的白马尖峰是风光的集聚之地，登斯峰一揽天下小。攀登在密林深处，仅用耳朵就能感受白马尖高峰耸峙、群峦环绕、险拔峻峭的气势。莺歌声、豹啸声、瀑跌声，声声入耳，神秘、天然，实在是大自然的初始之声。四条山脊通向东南西北四个方向，而松就在这山脊上形成走廊，迤

白马尖上的雕塑

迤通向天宇。松不孤寂，相伴着的百年高山植物园，有花的笑脸、叶的语言……

在矮人松下小憩，细细品味龙井峡、别山湖、四望山古城堡……云起云落、湖光山色、松烟密布、幽谷清溪，不禁会想让自己留在这一刻时光里。

白马尖云腾雾霭，有时会和一只猕猴相遇，这山中精灵被山气染透了，伶俐可爱。

原始的水、石、松，隐藏在白马尖的原始森林里，金钱松、青钱松、红豆杉、香榧、都枝杜鹃、天女花……它们是白马尖最早的原住民，而金钱豹、果子狸、白冠长尾雉、娃娃鱼们，则是白尖山的祖居户，游客们最好放慢脚步，再放慢脚步，以免惊动了它们。

说到白马尖的特产，不能不提清香持久的霍山黄芽茶。黄芽源自大别山，白马尖则是这茶草的最佳生长地。黄芽形似雀舌，嫩绿披毫，香韵持久，滋味鲜醇，浓厚回甘，汤色清澈，叶底明亮。茶中有乾坤，一杯黄芽在手，足以回味出一个大天地。

好山出好茶，好茶为好山而生。山下寻一农家小坐，取大别山水，泡一杯黄芽，茶草沉浮，清香氤氲，白马尖的风韵，又加浓了一层。

7 齐云山：天开神秀　道教名山

齐云山档案：

齐云山风景名胜区位于安徽省黄山市休宁县城西约 15 千米处，国家 AAAA 级旅游景区，全国重点文物保护单位。齐云山风景名胜区面积 110 平方千米，自然保护区面积 150 平方千米。

从黄山市往西走，即进入状元县——休宁县境内。齐云山就屹立于县城之西。

齐云山古称白岳，因其“一石插天，直入云端，与碧云齐”，明嘉靖年间改名为齐云山。它与江西龙虎山、湖北武当山、四川鹤鸣山一同被称为中国四大道教名山。

相传明朝嘉靖皇帝曾在此求子，一高兴，亲笔题写“齐云山道观”五字。山上的真武圣殿后来改为玄天太素宫。

齐云山大部分山峰的高度在海拔 580 米上下，全山为典型的丹霞地貌，地质构成为层积砂岩，赤如朱砂，灿若红霞，崖洞石壁全是如景似霞的紫红和棕红。

进景区有两种选择，一是上缆车，居高临下，极目远眺，层峦叠翠，云蒸霞蔚，曲江碧水，田畴阡陌，绿叶红枫，五彩斑斓，一派美景，尽收眼底。二是走步行道，从登封桥起点，到景区入口望仙亭，也仅 8 里之遥，沿途有步云亭、登高亭、海天一望亭、凌风亭、松月亭，古朴简洁。

齐云山下登封桥

一段山路后，便到达横跨桃花涧之上的“梦真桥”。这座建于明嘉靖三十四年（1555）的石桥，左倚榉树，右临丹崖，显得古朴而典雅。那让人梦想成真的“梦真桥”和寓意一举成名的榉树，被学子们尊为祈求学业有成最为灵验的地方。历史上，休宁县出了19个状元，数量居全国之首，是公认的“中国第一状元县”。

过桥为栖真岩，乃唐乾元元年（758）齐云山道教开山鼻祖龚栖霞传道修行之地，明代时建有道观，现残存石坊。旁边丹崖上勒有黄色的“寿”字，相传为朱熹手书，字高九尺九寸，宽六尺六寸，雄浑遒劲，饱满圆润，寓意“九九归一，六六大顺”。

游齐云山要过三个天门。其中，“一天门”是个天然的洞门，形如靴印，人称“崖下窟窿”，传说是玄天大帝与地藏王为争仙境宝地斗法时一脚踹出来的。凡是名山古岳，总是少不了摩崖石刻，但齐云山的摩崖石刻数量之多，分布之广，也属鲜见。据统计，齐云山的各代摩崖石刻和碑铭原有1000余处（件），历经岁月侵蚀及人为破坏，尚存石刻567处，其中摩崖石刻335处、碑刻232块。

齐云山很早就有道教活动了。唐朝时有道士龚栖霞栖隐于石门之岩，后人为纪念他取名“栖真岩”。南宋宝庆年间，有方士余道元，号天谷子，游至齐云山

齐云山风光

石门岩，斩草结庵以居，得到当地好道居士的赞助，创建了佑圣真武祠，奠定了齐云山作为道教名山的基础。

道院主要集中于山上的月华街，也称“月华天街”，这个悦耳并富有诗意的街名也有其来历：远眺月华街，粉墙黛瓦的徽派民居和巍峨肃穆的道观宫宇，若隐若现地围聚在半圆翠绿的山腰之间，形似弯弯的月牙，令人浮想联翩。睿智的道人取名月华街，是欲得日月精华之意。

走在街上，只见宫观和店铺比肩，香烟和炊烟互绕，完全一幅道人与普通民众天然相融的生活图景。据《齐云山志》记载，明代鼎盛时期，山上有宫、观、殿、院、馆、楼、阁、亭、台等大小道教建筑 108 处，每天香客达 3000 人之多。

月华街长生楼旁边有一个明代石坊，洞门呈葫芦形，上有“小壶天”三字，洞内开阔，为历代道士论道炼丹之处。玉虚宫规模恢宏，整个殿堂由三座牌楼石坊组成，以红色砂岩镌刻。宫的左侧有 7.6 米高的巨碑，矗立在石赑屃背上。碑的正面刻有江南才子唐伯虎所撰的《紫霄宫玄帝碑铭》，背面刻有广西布政史李迅所撰的《紫霄宫兴建记》。

峰顶崖壁上刻着“方腊寨”三个大字。800 多年前，方腊发动农民起义，屯兵齐云山独耸峰，凭借天险，把守要隘，留下了许多故事。

开天神秀的齐云山，如一首流淌在崖壑上的抒情诗，隽永流长。

8 明堂山：明堂山上名堂多

明堂山档案：

明堂山位于皖西南大别山腹地岳西县境内，距县城 42 千米，它自多枝尖山脉蜿蜒而来，兀自凸起三峰，主峰海拔 1563 米。这里植被丰茂，玻璃栈道、空中咖啡厅为其特色。

“明堂山上名堂多”，这句话越来越响了。明堂山，多名堂而为名山。

明堂山位于大别山腹地岳西县境内。岳西的山连绵起伏，明堂山自多枝尖山脉蜿蜒而来，兀自凸起三峰，主峰海拔 1563 米。据传，2000 多年前，汉武帝刘彻封禅古南岳天柱山，设祭拜的“明堂”于此。明堂山也因此染上了皇家气息。

民间似乎对此不感兴趣。老百姓曾经叫它“鸡公山”，全因主峰石壁上有一天然雄鸡图案。

明堂山方圆50平方千米，处处是景，步步生情，如若用一个字表达，“秀”最准确。古人云“三峰锐插霄汉，奇秀无比”，景里套景，许多“秀”藏在山中。它的名堂在古林参天、花海绿浪里隐约可见，秀得有滋有味。

核心景区内，巨石指天，岩体和古松衬托，透着一个“古”字。峡谷幽深，遍布奇花异果。明堂主峰、神女峰、小柱峰矗立眼前，如若“一生二，二生三，三生万物”的昭示。

葫芦河峡谷区。清溪长流，奇花飞彩，仅是银柳飞絮、飞来雪、马尾银瀑、散花吻石四道飞瀑，足以引人驻足。灵水落九天，走进去，身净、眼净、心净。

月亮秀崖区。以险取胜，松、石、崖浑然天成，衬以各色植物，色彩绚烂，谁是谁的陪衬？天上的一轮明月知道。

世人得为明堂山的四季喝彩。春花烂漫，仅是明堂山杜鹃的烂漫身姿就足以

高空栈道，可揽诸峰胜景

倾倒所有游客。夏水欢畅，来自葫芦峡谷四道奇妙的瀑布，飞沫荡出烟云，如薄薄的帘子，清凉无比。秋叶欢畅，千种植物千种色，层林尽染，让人心胸顿然开阔。冬飘瑞雪，这雪和冰凌是要在树枝草木上驻而为景的，一草一木、奇松怪石，悄然在内心鼓动着对春的渴望。

想看最美风光，就登上凌空的玻璃栈道吧。在这透明的世界里，心恐高，眼不恐高，明堂山所有的秀，在这里可以看得清清楚楚。放眼望去，层峦叠嶂，云海奔涌，恍如仙境。

多名堂的明堂山，可拾取的名堂太多。比如李白结庐而居明堂山，为月亮岩石柱题名“北斗星楼”。比如太平军陈玉成依险据明堂、清明、茶园岩三寨，存粮于岩洞。比如喊上一声，大若碗口的都枝杜鹃花大声“应答”……

山有名堂，秀在其中。

人文佳境

一脉锦绣，一生向往。

古往今来，文士墨客追寻心灵栖息之地。陶渊明、李白、白居易、欧阳修、刘禹锡、王安石、苏轼、陆游……众多时代巨擘，足迹遍布安徽，与山川对话，伴岁月吟唱，沉浮由心，不惊不扰，俯仰之间，已成智慧。

琅琊山、敬亭山、褒禅山……诸多名山蕴于诗词歌赋中，引人入胜。

9 敬亭山：江南第一诗山

敬亭山档案：

敬亭山位于宣城市北郊，原名昭亭山，晋初为避帝讳，易名敬亭山。山有大小山峰60座，主峰名“一峰”，海拔324米。国家AAAA级旅游景区，被称为“江南诗山”，饮誉海内外。

有一座山因为一首诗而被世人皆知。诗是唐代诗人李白名作：“众鸟高飞尽，孤云独去闲。相看两不厌，只有敬亭山。”而山便是敬亭山。

敬亭山坐落于皖南宣城市北郊水阳江畔。此山本来叫昭亭山，西晋时为避文帝司马昭名讳，才改为敬亭山。

敬亭山不高，却别有韵味。山上树木苍翠，云雾缭绕；林壑幽深，流水淙淙；万籁俱寂，鸟鸣天惊。

山不在高，有仙则名。敬亭山满山弥漫着诗仙之气。敬亭山与诗结缘，早在南北朝时期，南朝诗人谢朓任宣城太守，沉醉于宣城山水，写下了许多脍炙人口

敬亭山霞光之美

太白独坐楼

的山水诗。“兹山亘百里，合沓与云齐。隐沦既已托，灵异俱然栖。”《游敬亭山》诗句，流传甚广。200 多年后，李白追寻谢朓踪迹，来到敬亭山，与山对视久久，留下了“相看两不厌，只有敬亭山”的千古绝唱。

随着谢、李诗篇的广为传诵，敬亭山声名鹊起，成为历代文人墨客无比向往的诗之圣地。谢、李之后，白居易、杜牧、韩愈、刘禹锡、王维、孟浩然、李商隐、苏东坡、梅尧臣、欧阳修、范仲淹、晏殊、黄庭坚等，前赴后继，以生花之笔，为敬亭山吟诗写赋，绘画作记，寄情山景，抒发胸怀。“好酒也怕巷子深”，江山也要才人捧。正因为历代文人雅士咏颂敬亭山、赞美敬亭山，遂使敬亭山成为大名鼎鼎的“江南诗山”。

登临敬亭山，先访诗山牌坊群吧！此处是敬亭山诗魂所在地，到此方可确信敬亭山是座“诗山”。牌坊上面刻有古代多位诗人为敬亭山而作的许多诗词，若你登上敬亭山之前，先对敬亭山历史文化有所了解，此刻已对敬亭山肃然起敬了。

上了敬亭山，一峰庵不能不去。一峰庵因建在敬亭山的主峰——一峰之上而得名，古色古香，颇有岁月厚重之感。在这里可以一览众山小，明代诗人梅守德曾专门赋诗赞美一峰庵：“冬日喜初晴，篱边尚菊英。岩云沉梵影，林霭落钟声。”

走在敬亭山上，最好到拥翠亭坐一坐。那是一处令人生发幽思的地方。拥翠亭名副其实，周边郁郁葱葱，在此整个敬亭山风光尽入眼帘。难怪清人王可第在此作诗感叹：“一榻拥昭亭，坐爱双溪碧。”

你顺道还可以去看看翠云庵和广教寺。翠云庵位于敬亭山腰，原名卜静室，元朝末年被毁，明朝重建。广教寺在敬亭山南麓，始建于唐朝宣宗大中三年(849)。据说，这座江南千古名刹，当年可是赫赫有名，曾与九华山化城寺、黄山翠峰寺、琅琊山开化寺合称四大名寺。

到敬亭山来，最好是在阳春三月间。三月里，敬亭山的杜鹃花开得最欢，满山遍野红艳艳。当年李白曾为此景所折服，写下了《宣城见杜鹃花》：“蜀国曾闻子规鸟，宣城还见杜鹃花。一叫一回肠一断，三春三月忆三巴。”

如果错过了三月，那就四月来吧。四月看不了杜鹃花，却能品尝敬亭山新茶。敬亭新茶绿如雪，雀舌芽茶香千年。清代诗人施闰章曾作咏茶诗：“敬亭雀舌争相传，手制从过谷雨天。酌向素瓷浑不变，乍疑花气扑山泉。”

从敬亭山下来，该去市中心登一登谢朓楼。唐代初期，宣城人为追怀谢太守，于“高斋”旧址建造了一座上下两层、飞檐翘角、四面开窗、砖木混合的楼台，因位于州衙北面，故取名“北楼”。又因登临此楼，向北可眺望敬亭山，遂又称“北望楼”。李白曾吟《秋登宣城谢朓北楼》以怀谢朓：“江城如画里，山晓望晴空。两水夹明镜，双桥落彩虹。人烟寒橘柚，秋色老梧桐。谁念北楼上，临风怀谢公。”

敬亭诗山名扬千古，一步一诗。来了，便会诗意萌生。

⑩ 九子岩：秀出九芙蓉

九子岩档案：

九子岩景区位于青阳，相传金乔觉在此参修佛学，景区清凉神秀，为国家AAAA级风景区。

青阳九子岩，风光优美，主峰天华峰海拔1084米。人们都说，登其峰，九华无峰；赏其景，九华无景。

“烟飘巉岩莲花神秀，霞飞谧林佛国清凉”，这副楹联高度概括了九子岩景区的旅游特色：人文景观“佛国莲花”，自然风光“清凉神秀”。

九子岩状如九个婴儿团聚在母亲边嬉戏。相传，唐代时，一代高僧金乔觉遍游中国名山大川，最后在九子岩参修佛学，终成正果，至今尚留有“金地藏第一

九子岩风景区

修行处”字迹。也因此，九子岩华严禅寺成为九华山历代大德高僧修行参禅的场所。至今，景区里的很多景点都与地藏菩萨有关。比如卧牛石、鳌鱼石、青蛙石。

九子寺院里有两棵大树，名叫九子古枫和九子古榆，枝繁叶茂，相传为金地藏来九子岩时亲手所栽。如果属实，两株古树也有1200多岁了，其中最大的九子古枫高约八丈，主干围二十二尺，需四个成年人手拉手才能合围。

九子岩被称为“清凉世界”， 年平均气温13.4℃。岩东北为盆地谷口，山泉汇集成涧，“九子”观泉听声，淅淅沥沥，如拨上弦，似抛珠泻玉，清脆悦耳。每当大雨过后，水流激射，泉流飞鸣而下，一条瀑布辗转为七折，似七匹白练垂空，群山如壁，万壑奔流，山岳欢腾，令人惊心动魄。“九翁端坐九芙蓉，子孙嬉戏碧岩中。泉流泽被苍生客，声彻双溪万壑通。”这就是九华旧十景之一“九子泉声”。

九子岩瀑布壮美。“聚过一番雨，鸣飞七布泉”，七布泉瀑布，如素云垂练，故又名“垂云涧”。夏秋季节每当雨水较多时，九子岩盆地山泉汇集而下，形成一股强大的激流，飞奔悬崖，撞击在岩石上，辗转七折，远观就像七匹白练，垂空当舞。南宋诗人陈岩赞美道：“飞瀑奔崖色皎然，飘空上下势相连。看来不是天河水，尽是兜罗片片绵。”七布泉又如白云垂落涧中，激起潭水，浪花四溅，如雪片纷飞，春雷作响，雾气冲谷，寒风扑面，更别有一番景象。

天籁之韵、丹崖云峡、泉通海眼，这是后人刻在九子岩石壁上的词句。来到这里，细细品味，只会觉得意趣盎然。

⑪ 浮山：山浮水面水浮山

浮山档案：

浮山坐落于皖江北岸的枞阳县，南临白荡湖，西邻菜子湖，南望九华，北靠长江。浮山是沉睡的火山，因留有白居易、王安石及众多桐城派散文大家的踪迹而文化底蕴深厚。

地质学家考证，浮山由古火山形成。沉睡已久的浮山，只在距今约 1.4 亿年至 1 亿年的侏罗纪晚期至白垩纪早期近 4000 万年中微醒过几次。

浮山名字的由来有两种说法：其一，山上有一类灵异的石块，浸水而浮；其二，山峦四面环水，登高而望，山石高耸，一如衣袂飘逸的虚空道士，几欲乘风而去。不管如何，它引来了无数文人墨客的歌吟，更长眠着方以智等一代大师。它

金谷禅寺

在白荡湖畔伫立，犹如一叶轻舟漂于水面，故有“江上绿叶”“海上蓬莱”之美誉。

浮山之上，随便捡起一块石头，都有可能透露着亿万年前的岩浆信息。经雨水风雪的数亿年洗礼，一座“天然火山地质公园”得以出现。

到今天，人们看到的浮山，岩嶂壁立，洞壑幽藏，河湖环绕，幽然居立。沧桑里也透着风情，它披着绿衣裙，裙摆就是那烟波浩渺的白荡湖，清风拂过的微波是它衣裙的褶皱，千般柔媚。

浮山远在南北朝时期就建了寺庙，时称“浮山寺”，后毁于兵燹。宋朝天禧年间，河南郑州名僧远禄来此任住持，是为浮山开山禅师，宋仁宗赐号圆鉴大师，又赐寺名“大华严寺”。据记载，欧阳修慕名而来，请圆鉴说法，圆鉴以弈棋作比，说明佛教原理。远禄坐化后，建塔会圣岩，塔铭为范仲淹所撰。

到了明朝万历年间，明神宗下诏，颁赐“藏经、袈裟”，如今圣旨碑尚存。清康熙年间，明清之际的思想家、科学家方以智曾主持华严寺，他被称为无可大师。

元明之际，农民起义军陈友谅、张献忠等久踞浮山，占山为寨。太平军也以此山为根据地，与清军在山下多次恶战，华严寺完全毁于兵火，几乎荡然无存。

“已从浮山来，更觉浮山好。万壑染秋云，乾坤怪未了。游人无古今，天风醉花鸟。我欲煮烟霞，呼童拾瑶草。”明代书法家雷鲤道出了钟爱浮山的肺腑之音。

山浮水面水浮山

历史上，慕名来浮山的名人很多。白居易、孟郊、范仲淹、王安石等，在浮山四周探奇访胜，流连山水之间，把对浮山的钟爱和人生的体悟都留在了漫山遍野的石壁上，也让后人在今天能从大量的摩崖石刻中体味他们当时的心境。浮山石刻现存 483 块，有诗词、游记，有庵堂碑记、题词留名。可以说，浮山上的石刻，是一部名副其实的“史书”。

明朝户部尚书大学士何如宠，太子少保、副都御史左光斗以及桐城文派宗师方苞、刘大櫆、姚鼐等名士，都钟爱浮山。 特别是生于浮山脚下的方以智，南明灭亡后剃发为僧，任浮山第十六代住持。他死后和夫人合葬于浮山北麓。

浮山，虽比不上黄山、九华山的壮美，但它是名副其实的文山。

⑫ 冶父山：欧冶子铸剑山中

冶父山档案：

冶父山，国家AAAA级旅游景区、国家级森林公园，位于庐江县境内，距县城东约9千米，峰峦叠翠，庙宇辉煌，古迹遗存，佳传甚多。

冶父山坐落于庐江县境内，峰峦叠翠，庙宇古朴。相传，春秋时，中国古代铸剑鼻祖欧冶子曾在山上铸剑，由此得名冶父山。《庐江县志》记载：“长剑欲一淬，夜寻冶父山。揽衣望奇气，直在斗牛间。”

冶父山最高峰是兜率峰，海拔370余米。自山麓往上至山巅约五里路，沿着登山步道盘旋而上，一路所见，群峰耸立，林木阴翳。在山顶，远眺长江如练，近观巢湖如镜。若在雨后初晴，放眼望去，上有紫雾缭绕，下有群峦叠翠，色彩缤纷，动静有致。此谓“冶父晴岚”，为冶父山八景之一。除冶父晴岚外，还有湖山一览、龙池映月、虎洞吟风、兜率参天、响鼓晴雷、百尺松涛和三春花雨。每到一处，景色各异，风光别具，伴有许多美妙传说。

临近铸剑池，看龙池映月，宛如走进欧冶子铸剑现场。欧冶子曾为越王铸过湛卢、巨阙、胜邪、鱼肠、纯钧五大名剑，还与干将一起为楚王铸龙泉、泰阿、工布三大名剑。如今的铸剑池水色玉莹，清寒逼人，凛凛如剑气浮动。池四周以石围栏，立石碑，建铸剑亭。亭是明万历年间所建，今亭碑已灭，唯石栏尚存。铸剑池是冶父山最早有文字记载的古迹，《冶父山志》中有《铸剑池碑记》。铸剑池西北百余步石阶边有二巨石对面而合，如双掌相合，十指凌空，名曰“合掌石”。还有种说法是，当年欧冶子铸成宝剑，为试剑锋，对此石用力一劈，剑落石开，所以又称“试剑石”。

百尺崖位于冶父山巅东隅，与铸剑池近在咫尺。崖高百尺，宽数丈，石壁陡峭，危石欲坠。明代诗人周良德有诗云：“崭崭百尺岩，天斧削玫瑰。举手隘乾坤，伸手扪星斗。”百尺崖下有小泉一眼，半圆形，如釜储水，深不足尺，久雨不溢，大旱不竭，倘若水气蒸腾，天即降雨。

看山勿忘看洞。冶父山上有个伏虎洞，位于冶父山巅西南，距伏虎寺不足百米。洞顶高三四尺，深不满丈，游人只能猫腰入内。《冶父山志》载，当年伏虎禅师开山建刹，与一只老虎栖于一洞朝夕相伴。传说唐时一户人家生了个双目失明的孩子，弃之路边，被虎衔入洞中，用爪刨出山泉，给孩子洗眼。孩子的眼睛竟奇迹般复明，长大做了和尚，虎仍与他厮守。唐昭宗得知此事，赐其名伏虎禅师。

从兜率峰向东沿岭而下，行人足踏，应声如鼓，冶父山八景之“响鼓晴雷”由此而来。响鼓岭与大来峰横空悬出一石，形如雄鹰展翅，故称“飞鹰石”。这里，终年云遮雾绕，常有苍鹰起落。响鼓岭两侧山坡林深如海，苍郁幽远，松杉丛中夹有枫香古木，高大挺拔，枝叶婆娑。到了秋天，层林尽染，霜叶如花。

登冶父山，最好在春天。杜鹃花红艳似火，其中点缀着各色野花，漫山遍野，五彩缤纷，宛如华丽春衫，“三春花雨”是为一景。

许多人游玩冶父山，都会询问欧冶子为何在此冶铸宝剑。难道是因为这里矿产丰富或者景色优美？也许二者兼有吧。

采石矶

⑬ 采石矶：长江三大名矶之首

采石矶档案：

采石矶是国家重点风景名胜核心景区，位于马鞍山市西南5千米处的江边，峭壁千寻，突兀江流，历史悠久，名胜众多，素有“千古一秀”之美誉，为国家AAAA级旅游景区。

采石矶位于马鞍山市区西南约5千米处的江边，大石激水，水边突出的岩石或石滩叫作矶。三国东吴时此地产五彩石，前来采石者众多，采石矶由此得名。

采石矶出名是因为诗仙李白。李白有写采石矶的诗作，他在《夜泊牛渚怀古》中写道：“牛渚西江夜，青天无片云。登舟望秋月，空忆谢将军。余亦能高咏，斯人不可闻。明朝挂帆席，枫叶落纷纷。”牛渚北端突入江中，也就是采石矶。后人还演绎出了一个美丽的传说：明月之夜，浪漫的李白在采石矶跳江入水，捉月骑鲸，上了九天。

采石矶与岳阳城陵矶、南京燕子矶合称“长江三矶”。因山势险峻，风光绮丽，历史悠久，古迹众多，采石矶名列三矶之首，有“千古一秀”之美誉。

乘船从江面上远观采石矶，巨石突兀，绝壁凌空，水流湍急，巨浪滔天，采石矶如同一只巨大的手扼住了大江的咽喉。如此地形，自古兵家必争。

南宋时期，发生于此的宋金“采石之战”是有名的以少胜多的战例。金兵完颜亮率军入侵，南宋主将虞允文亲领一路兵马抵达采石矶对岸，与金军隔江对峙。虞允文带领勇将，用“神臂弩”射击敌船，大败之。

游人到马鞍山，走过锁溪桥，便见拔地而起的翠螺山。翠螺山原名牛渚山，山上松翠欲滴，山形酷似蜗牛，故名翠螺山。山间古木参天，蔚然深秀，西麓突兀于江中的悬崖峭壁便是千古垂名的采石矶；西北临江低凹处，是一大片滩涂湿地，人称西大洼；北边高高隆起的山脊梁叫蜗牛尾，山势陡峭；南麓一派蓊蓊郁郁，亭阁若隐若现，太白楼等文物古迹皆分布在这一带，最高处是翠螺峰。

翠螺山上有太白楼。它面对长江，周围古木森然，浓荫簇拥之下，更添古朴之气。它与著名的岳阳楼、黄鹤楼、滕王阁，合称为江南“三楼一阁”。太白楼初建于唐元和年间，原名谪仙楼。清雍正八年（1730）重建，始称“太白楼”。楼里嵌有两块壁石，一块是《清代重修太白楼碑记》，另一块是记载李白生平的碑文。登上太白楼，读碑文，看陈列，对诗仙李白的一生便有了更多了解。同时，也可明白李白为何留恋采石矶。

广济寺在太白楼西侧。绿树掩映的“观音阁”是广济寺仅剩古建筑，内供观音菩萨像。阁前左侧有一口古井，名叫“赤乌井”，为采石矶最古老的文物。广济寺西首有亭名蛾眉，建于北宋。亭内有数方珍贵古碑，碑上刻字依稀可见。亭下滔滔江水奔腾而来，直击峭壁，卷起千堆雪，气势惊心动魄。

翠螺山半山腰，有李白衣冠冢，墓用青色块石垒砌，高约两米，墓碑上镌“唐诗人李白衣冠冢”。四周苍松翠柏，芳草萋萋，肃穆幽静。

三元祠又称三官洞，是采石矶最大的天然石洞，位于蛾眉亭西侧岩下，石洞傍山临水，嵌于崖壁间，江水拍击洞门崖壁，浪花四溅，触目惊心。石洞分上下两层，洞内有洞，曲径幽深，通向大江。洞内怪石嶙峋，情态各异，别有意趣。

采石矶，美在自然，名在人文。自然与人文相得益彰。

⑭ 大青山：秀色层层醉诗仙

大青山档案：

大青山位于当涂县城东南约7千米处，山下有李白墓园。因李白多次来此，逗留山上，亦名李家山。

一个人钟情于一座山，来到山上便不愿离开，最终将自己留在这座山。一座山厚爱一个人，遇见一个人之后，山便改名，随了人姓。这个人是唐朝诗人李白，这座山是大青山，当地人习惯叫它李家山。

大青山位于当涂县城东南约7千米处。山不高，主峰青林山海拔370余米。山的范围也不大，方圆20余千米。大青山论其高度不能称为天下名山，然而它深厚的文化底蕴远远超过它的自然高度。

李白长眠大青山，这是历史的情缘。李白一生仰慕南齐诗人谢朓，曾经追寻他的踪迹到宣城。谢朓任宣城太守时筑室于青林山，后改名谢公山。谢公宅占地10余亩，流泉奇石、摩崖石刻，环宅而布。院前有谢朓打的水井，后称谢公井，为当涂古时八景之一。李白七次来到当涂，无数次登临大青山，寻访谢公遗迹。李白晚年穷困潦倒，无奈投靠担任当涂县令的族叔李阳冰，寄居于城南龙山。公元762年冬，李白在龙山家中病逝，后葬于龙山东麓。

秋日里的李白墓园

50多年后，李白生前好友范伦之子范传正，寻访大青山时得知李白临终遗言：宅近青山同谢朓。他圆了诗仙的遗愿，将李白的尸骨从龙山迁葬于青山脚下，修建太白祠，刻墓志铭两块，一块放于墓内，一块立于墓前。墓志记载，李白墓东以谷氏为邻，西去旧坟六里，南抵驿路300步，北倚谢公山即大青山。

李白墓园占地近百亩，有牌坊、太白碑林、眺青阁、太白祠、李白墓、十咏亭、青莲书院等景点。墓志、碑刻详细记载了李白的生平事迹和诗歌成就。李白曾在《日夕山中忽然有怀》写道："久卧青山云，遂为青山客。山深云更好，赏弄终日夕。"生前既爱青山优美风景，又慕谢公高尚品格，这位"天子呼来不上船"的狂放诗人，却甘愿"一生低首谢宣城"，有"宅近青山同谢朓"的夙愿，想与谢朓结为精神上的芳邻。它吸引历代文人墨客纷至沓来，曾巩、陆游、杨万里……先后游览大青山，凭吊李白。晚唐诗人杜荀鹤到此，深情写道："青山明月夜，千古一诗人。"青山与诗仙李白融为一体。

大青山植被繁密，山中多古木奇树。青山东侧群山连绵，万佳山深处有唐时当涂县令李阳冰挂冠之后的隐居之所。万佳山中有一棵枸骨，俗名猫耳刺，本为灌木，后长成高十米、树冠如巨伞的大树，主干两枝如连理，紧紧依偎，人称"长青夫妻树"。

青山西麓有太白生态园，是一片圩田，数千亩水面种有莲藕。盛夏时节，荷花竞相开放。徜徉于青山绿水间，泛舟，垂钓，采莲，真有诗人杨万里笔下"接天莲叶无穷碧，映日荷花别样红"之景致。通往青山主峰的山道上，半山腰处有一片竹林，号称千亩竹海。走进这片竹海，在竹林中闻着竹叶清香，不由神清气爽。

有山就有石，大青山上奇石也多。在主峰附近，有片怪石林，其中有两石迎面相依，状似两掌相合，因与观音庵遥相呼应，故名"观音合掌石"。在通往主峰林场的路上，有巨石形如老虎，曰老虎石。还是在主峰附近，云雾禅林寺龙口泉上方耸立着一块巨石，刀削斧斫般整齐。相传李白当年常来青山顶峰，独酌后躺于这块巨石之上，这不禁令人想到李白的诗句："花间一壶酒，独酌无相亲。举杯邀明月，对影成三人。"巨石因此得名"醉石"。

在大青山，李白常醉。千百年后，游人也醉。

15 鸡笼山：天下第四十二福地

鸡笼山档案：

鸡笼山风景区位于马鞍山市，山峦连绵，上冠巨石，状似莲花，被誉为“天下第四十二福地”，面积45平方千米，为国家一级森林公园。

人们形容绝好的地方喜欢用“福地”一词，道书称有“七十二福地”。唐末名道杜光庭所著《洞天福地记》称鸡笼山为“天下第四十二福地”。

鸡笼山旧名亭山，亦作历山，又名凤台山，因其状若鸡笼又被叫作鸡笼山，位于和县西北约20千米处。山中遍布参天古树，主峰海拔275米，却异常陡峭，有“江北第一名山”之称。史料记载，鸡笼山有“峰峦奇兮，林麓美兮，峭岩险兮，烟霞胜兮”四大奇观。

由鸡笼山山顶放眼望去，林深如海，山色葱茏，松涛阵阵，云水相间，如一处雾腾仙境。鸡笼山的奇，在于它的悠久历史和传奇故事。

据说，商汤起兵伐夏，在焦门活捉夏桀，将他流放到南巢（巢湖之南）。后夏桀与心爱的女人妹喜一道死在鸡笼山。

东汉末年金佛、金乾和金坤三兄弟曾在鸡笼山悟道，被后人奉为三毛祖师，其塑像被供于三清殿之中。唐朝时，这里出了个大将军勤思齐，力大无穷。武则天授封他为“游击将军”，赐“勤将军宅”。“苍鹰出塞边尘静，白鹤还乡楚水深”，这两句诗便是对他的描绘。

相传，朱元璋也曾来到鸡笼山，诗兴大发而写下诗句：“罢猎西山坐拥旗，一山出地万山卑。崔巍巨石如天柱，撑著老天天自知。”

历史上，李白、许浑、李思聪、杨万里、贺铸、朱元璋、庄昶、王元翰、汤懋纲等，都曾吟咏鸡笼山，留有题咏。

鸡笼山的美，在于风景的秀丽和文化遗产的珍贵。这里有凤林禅寺、花山、陡

沿和如方山等景区，幽险奇绝。其中“百岁缺”为悬崖裂缝，口近二尺，常令游人望而却步。传说，跨越此缺的勇敢者能长命百岁。

这里有名的遗存当属三清殿。建筑群包括山门、三清殿、通明殿、九御殿、四官殿、文昌殿和五帝庙等，规模宏大。宋代名“天庆观”，元代更名“玄妙观”，清代因避康熙皇帝玄烨讳，改称“元妙观”。三清殿基本构造保存了北宋原貌，与福州华林寺、宁波保国寺并称为“江南古建之华”。其建筑结构可与宋代李诫著的《营造法式》一书相印证。据考证，日本镰仓“大佛样”建筑群的结构，就是仿照三清殿和华林寺建造的。

三清殿东面的东岳殿，今仍保存着宋代龙柱，为明代梁架结构。梁架上有彩绘道教图案。这里有“碑园”，集中存放珍贵的碑碣石刻，其中有宋徽宗手书《神霄玉清万寿宫碑》、宋孝宗《赐少傅陈俊卿札碑》和陈俊卿的谢恩表文碑。还有宋初大文豪王禹偁撰写的《陈仁壁墓碑》、方昭书记载宋代海外交通贸易情形的《祥应庙记碑》等。此外，此处还留有苏轼、文天祥等名人题刻，汇集真、草、篆、隶等各体书法。可以说，来鸡笼山，品读的是文化精粹。

鸡笼山既是美景的刻录机，也是一部厚重的历史书，上面写满了朝代的兴衰起落、人生的聚散离合。

16 南岳山：雄险秀奇立皖西

南岳山档案：

素有“皖西名山”之称的南岳山，位于霍山县城南，海拔400余米，面积约1800余平方米，南坡陡峭，北坡平缓，为国家AAAA旅游景区。

天下南岳知多少？信手拈来就有三处，由南往北，最南边是湖南衡山，为五岳之一的南岳；其次是安徽潜山的天柱山，又名皖公山，也称古南岳；最后便是霍山县的南岳山，也叫小南岳。

南岳山山名相传为汉武帝登礼时所封，今南岳山庙宇西门尚有“汉帝敕封”四个大字。

南岳山四面群山环拱，中间一峰凸起，直插云霄。晚唐诗人皮日休居寿州时，曾寻访南岳山，写下著名的《南岳赋》。赋中写道“与地角壮，与天勍势”“有水而脉，有石而骨，空洞而腹，有崿而节”，对南岳山、水、洞、石作了细致形象的描绘。从此，南岳山名扬天下。

南岳山顶有万卷堂等古建筑，相传是宋代状元焦焕和弟弟考前读书的地方，现有十多间砖木结构小瓦庙。正殿悬有书法家于右任先生题写的“小南岳”匾额。古庙旁有一水池，口方约丈许，池水清澈见底，名曰“南岳天池”。据说池下有一口泉，泉源万里，直通东海。曾有古诗云：“南岳峰顶水接天，芙蓉倒插浸塞莲。不知汉武赐封后，能润山前几亩田？”

山南边峭壁上，有大小两口风洞。摸石扶壁，蹑足而上，可至洞口。大洞别有洞天，极为空旷，可容数千人。小洞幽深无底，外狭内宽，中如曲径回廊，秉烛探访，可抵数重。风洞西北上方，有旗杆夹、白虎岩、试心岩，怪石林立。试心岩最为险峻，岩石凭空伸出约三米，下临深渊，令人胆寒。据说心怀邪念者到此，不敢登临岩石，故谓试心岩。有诗写道：“风洞浮岚万壑低，试心岩上色犹

南岳山雪景

迷。苍松绿翠埋唐褐，野草荒丘失汉泥。”

民间传说中，南岳山又叫“佛山”。从山南边一个名叫“一仙桥”的地方仰望南岳山，山似一尊弥勒佛。故在南岳山一带，自古有“十八罗汉拜南岳”之说。至今在南岳山南边，仍有地名叫“一仙桥”“二仙桥”“三仙桥”……带着浓郁的佛道色彩。

小南岳风景区集山、水、洞、园、林、庄、寺多种元素于一体，兼具雄、奇、险、秀、灵、巧、玄多种特色。大自然鬼斧神工，南岳山风光自然天成。整个风景区内，峰峦起伏，山青如黛，幽谷叠翠，古刹清寂，茂林修竹，引无数游客不远千里而来。

神奇的九桠古枫、如诗如画的珍珠湖、古朴典雅的天王殿，都为南岳山增添了魅力。站在南岳之巅，远眺四周，南面层峦叠翠，群峰苍苍，浩若烟云，朱家寨、狮子山、桃花寨近在眼前。从北面放眼望去，一弯河水犹如一匹白练飘向远方，田畴如画，水洼似镜。东面近观，复览山如兽卧地。西面竹海扬波，松涛阵阵，身处其中有一种超凡脱俗、飘飘欲仙之感。

17 九公寨：淠河水绕孤峰立

九公寨档案：

九公寨位于六安市西南部的石板冲，距六安城区30千米，与横排头旅游区隔淠河相望。海拔349米，属于大别山山脉的北分支。国家AAAA旅游景区。

九公寨四周环山，孤峰峭立，鸟鸣山涧，林木交秀。当代六安诗人刘尚泉写了一首诗《登九公寨》，对此山描述得非常形象和准确：

九公耸秀久驰名，一览神姿倍觉钦。

南北烟峦拱寨首，东西淠水注灵根。

悬崖踞险浮幽涧，古刹凌空接太清。

雄峙江淮名胜地，万方仰慕竞登临。

这首诗还写到了九公山的佛教文化。相传南朝梁武帝萧衍看中了九公寨这个地方，在此建庙修行。当时人烟稀少，建材全由山下九人供给。他们的名字无从得知，后人只是根据他们的长相特征，分别称他们为美髯公、皓眉公、垂耳公、披发公、阔吻公、秀目公、正鼻公、长臂公、蹇足公。九公寨也因此得名。

也有人说，出力建庙的不一定就是九人。“九”在中国古代是被列为极数的，蕴含“极尊、极高、极大、极多”之意。“九公”意为“多公”，很多很多的人，它是中国千千万万劈山治水、改天换地的劳动者的总称，同“愚公移山”中的愚公，有异曲同工之妙。

这里还有一个传说：明代，有江、吴两位异姓姐妹在九公寨修行，自称为“九公娘娘”。有一次，山下的西渭河发洪水，水漫龙井，姐妹二人施粥供药，救活无数灾民。后来人们建庙纪念，如今山顶新建的高峰寺，前殿供奉的便是“九公娘娘”。

九公大小两峰、西施杠、八道岭等九道山脉构成“九山如龙”之势，主峰海拔高349米。这里寺庙众多，有高峰寺、隆兴寺、元通寺、望江寺及九公土地庙、五猖庙等。

在自然景观方面，九公寨既有地形地貌景观，也有水景景观、生态生物资源景观。在水景景观资源方面，既有风光秀丽的漂流河段，又有潺潺的小溪、掩映在花草中的深潭，令人心驰神往。在生物景观资源方面，渭滩落鹭，画眉鸣幽，青松翠竹交杂，红花绿草相映，一派林木秀美、鸟语花香的佳境。

在山顶二天门处，有九块大小不一的巨石，疏密有致地似人状而朝同一方向，或立或跪，形态各异。高峰寺和慈云寺雄踞两峰之巅，登临如入仙境。

九公寨北山脚下的相思溪上有一座石桥，由青石条砌就，为宋代石桥，今仍为山民出入要道。溪水在桥上游平缓流淌，过桥后急流而下，形成深潭。潭水清澈，倒映桥上行人，故名清影桥。

景区里“滴水观音”岩画历史悠久，是九公寨佛教历史和佛教文化的重要组成部分。经初步鉴定，岩画始作于唐朝，是一处特别的景致。

九公建庙，他们的妻子为九公提供后援，九母池便是她们的沐浴之处。九母池位于大石之上，状如浴盆，四季盈水，倒映蓝天。

棋盘石也称“仙弈台”。几块巨石排列，有一块稍高，上刻围棋棋盘，棋盘两端各有一个极圆的石穴，供放棋子之用。此处杂木掩映，环境清幽，巨石凌空，八面来风。传说郝锦隐居此山时，常常携友前来对弈。郝锦又名郝学景，西淠河南岸郝家集人，曾任明代御史。他隐居此山时，号“九公山人”，饮酒赋诗，寄情棋枰。

九公寨山水相依，正是这里的一草一木、一景一文，给人以美的享受，让人在充分感受历史、文化、自然相融的和谐氛围中，更加热爱自然、热爱生活。

18 八公山：草木皆兵往事悠

八公山档案：

八公山位于寿县，是著名的汉文化重镇，也是汉代淮南王刘安的主要活动地，曾集中了当时国内一大批一流知识分子，编写了博大精深的《淮南子》。

山因人而有生命与灵魂。八公山因刘安与谢安而闻名。

八公山位于淮河中游南岸，由大小 40 余座山峰叠嶂而成，方圆 200 余平方千米，主峰海拔 240 余米。历史上，它被称为淮山、楚山、淝陵、北山、寿春山。西汉时，刘安被封为淮南王。刘安崇尚文才，广招天下贤士 3000 余人，研究天文

地理，著书立说。众多门客中，刘安最赏识八位——左吴、李尚、苏飞、田由、毛被、雷被、伍被、晋昌，人称八公，他们常在山中论道，后人将山名改作八公山。

八公山山势绵延起伏，一脉之上有多峰，风景优美迷人，是江淮平原上少见的低山丘陵地区，被誉为“八公仙境”“峻极之山”。古人有诗称赞道：“八公草木晚离离，仿佛成人似设寄。老气逼云含雾雨，空青拔地镇淮夷。”

忘情谷是八公山自然景观的一个缩影，长约 2 千米，九曲回环，往复盘旋而上，谷涧有水流，落差近百米。清寿州学者孙蟠修建青琅馆后，潜心读书习画，寄情青山绿水，忘却俗世烦忧，随手于谷中一巨石上书刻“忘情”二字。谷名便由此而来。如今峡谷两侧，古木参天。人行谷中，曲径缘溪，水声淙淙，仿佛讲述着一个个遥远的故事。

八公山以山著称，水亦不俗。八公山的水是山泉水，众多的泉水都有美妙的名字，诸如珍珠泉、玛瑙泉、瑞泉、碧沙泉、岚秀泉、浣翠泉等。八公山共有 24 口名泉，其中珍珠泉为我国古代十大名泉之一，位于马山山口，数十股泉水从池底上涌，如花开珠散，在阳光照耀下，晶莹剔透，绚烂多彩。

到八公山最重要的是看人文景观。淮南王宫坐落于景区炼丹谷中，主建筑包括淮南王宫殿、刘安及八公塑像。刘安治理淮南国期间，亲民爱民，器重人才，一派国泰民安的盛世景象。刘安还组织编著了《淮南子》。

有两个典故与八公山有关。相传，刘安与八公炼成仙丹，服食后得道成仙。《太平寰宇记》载：“昔淮南王与八公登山埋金于此，白日升天。余药在器，鸡犬舔之，皆仙。”成语“一人得道，鸡犬升天”由此流传下来。又，东晋时，大将谢石、谢玄大败前秦王苻坚，这就是历史上有名的“淝水之战”，成语“八公山上，草木皆兵”即源于此。

游客从八公山上下来，可以尝一尝八公山豆腐。相传，八公山是豆腐发源地，是刘安在炼丹过程中发明的。八公山豆腐晶莹剔透，白似玉块、嫩若凝脂，质地细腻、清爽滑利，有劲道、不散碎；成菜色泽金黄，外脆里嫩，滋味鲜美。

19 张公山：珠城丽景山水映

张公山档案：

张公山风景区是国家AAAA级景区，位于蚌埠市西南部，占地面积1.106平方千米。该景区由张公山公园、张公岛、张公湖、张公山宾馆及张公湖周边休闲绿地组成。其山顶建有望淮塔。

张公山山清水秀，登顶可一览蚌埠自然风光，独具特色。

关于张公山，有一个传说：明朝有个张姓战将，曾跟随朱元璋南征北战，晚年解甲归田，隐居山中。他经常出资济贫，在当地深受爱戴，于是，百姓尊称其为张公。张公山则因此得名。

张公山还有一个更有趣的传说：有一年，八仙赴王母娘娘蟠桃宴会，个个酒足饭饱。在返回各自洞府的路上，他们趁着酒兴，来了个“八仙过海，各显神通”。张果老年纪大、脾气倔，从很远很远的地方背了一口袋山土要去填平东海。没想到

望淮塔

半路碰上齐天大圣孙悟空，偷偷地把金箍棒变成一根绣花针，捅破了张果老装着山土的口袋，于是漏出许多土，在地面上形成一座大别山。到了风景宜人的淮河之滨钟离县时，张果老发现一袋子山土都漏光了，干脆放下，这就是“张公山”。

张公山风景区的美在于自然之美与人文之美的巧妙结合。这里山水相映，景色秀丽。游人可以感受湖岸曲折、遍植垂柳的诗情画意，苍松翠柏、曲径通幽的闲适以及江南园林般的精致雅趣。

景区布局合理，亭、台、楼、阁错落有致，融为一体。玉兰堂飞檐斗角，画窗雕门，楹联匾额悬挂其中，整个园区素雅幽静，古朴清新。登上山顶望淮塔，可鸟瞰珠城全貌，观淮河两岸风景，顿时心旷神怡。只见河流东去，道路蜿蜒，建筑与自然融为一体，呈现出一幅生动的画卷。塔高 35.33 米，七层八角，建筑面积 820 平方米，塔名由赵朴初题写。塔耸立于一片绿色之中，别有一番风趣。

这里湖水澄碧，可以放舟湖上，品味悠悠水韵，静静享受悠闲时光。

20 相山：俊秀苍润护淮北

相山档案：

相山风景区总面积约12.7平方千米，森林覆盖率高达95%，坐落于有4000多年建城史的国家园林城市淮北市相山区境内，为国家AAAA级旅游景区。

相山拱地隆起，像个偃卧的黑熊，又像挺立的勇士，守护着淮北这座城市。

北方的名山除了拥有美丽的传说外，大都还有很多文化乃至政治色彩。相山，传说是商部落首领相土带着乡邻们迁居来此，因他功劳大且又为人公平厚道，于是同来的人就把新迁地的大山取名为相山，后世追封相土为“显济王”。

相山自徐州蜿蜒而来，主峰海拔342米，为皖北市区制高点，方圆诸山之宗。登立峰顶，俯瞰整个相山公园，山环水绕、绿色葱茏、寺庙古迹掩映其中，一派“一览众山小”的气象。

奇峰、云洞、林海、苍柏、古寺、汉碑，是景区的主要元素。著名人文景点有乾隆皇帝题词“惠我南黎”、水牛墓、奏鸣台、饮马池和藏经洞等数十处。另有雕塑家刘开渠纪念馆、相山动物园、儿童乐园、寓言园等寓教于乐的景点。

渗水崖位于显通寺东龙山山腰处的石壁底部。此处树木茂盛，较为隐蔽，水土保持良好。如遇大雨，此处也是“骤雨瀑布，涓滴不存”。山洪顺涧而下，汹涌澎湃，但此处顷刻皆无，几十丈外方见复出。水声高低相间，如万马奔腾，又如情人细语。

奇峰位于渗水崖之北，怪石林立，像一条巨龙偃卧深涧。唯奇峰处一峰突起，如鹤立鸡群，四周山峰宛如俯首拱拜。

穿过拱桥，沿八米宽的中轴路，拾级而行，可见一路分布着许多汉白玉雕塑作品。有浮雕骏马、雷锋半身像、学生读书雕塑、腾龙奔马雕塑和以四大发明浮雕为底座的中国古代科学家张衡的高大雕像。沿路两侧围着汉白玉雕花栏。这里

相山晨曦

就是寓言园，一个将教育融于寓言的地方。

龙山、虎山两峰之峪，有一片金碧辉煌的古建筑群浮现于浓绿丛林之上。这就是公园主景——千年名刹显通寺，俗称相山庙。相山庙始建于西晋时期，因宋代元丰年间御赐匾额“显通”而得名。辽金时又加封“显济王”，故又称“显济王庙”。据清同治八年（1869）碑文载：西晋太康五年（284）诏诸侯记界内山川，沛国人郭卿建庙，刻铭曰：“巍巍相山，盘郁穹崇，上应房心，与天灵冲，兴云播雨，稼穡以丰。”

显通寺至今已历经1700多年的沧桑。现在的庙宇是依明清建筑风格修复的，为安徽省重点文物保护单位。淮海战役期间，粟裕曾在此召开高干会议。

淮北平原是一个很大的冲积平原，在平原上崛起的相山，就是一种高度。作为国家重要的煤矿地区，淮北能有相山这样美丽的地方，实在难得。

“君问皖北风景处，淮北相山有奇峰！”

21 褒禅山：移步换景宜探幽

褒禅山档案：

褒禅山，古称华山，位于含山县城东北约7千米，因王安石《游褒禅山记》而名。其东有灵芝山，山上树木参天，古以盛产灵芝得名；中部有起云峰，高耸入云；西有碗儿岭。

一篇文章能让一座山名扬天下，褒禅山便是这样。因唐宋八大家之一的王安石的一篇《游褒禅山记》，褒禅山始在历史的长河里放出异彩。

褒禅山从何得名，王安石开篇即作介绍：“褒禅山亦谓之华山。唐浮图慧褒始舍于其址，而卒葬之，以故其后名之曰‘褒禅’。”

人到褒禅山，多是先访褒禅寺，从禅寺里验证褒禅山名字的由来。据说，唐

褒禅山风景区

代贞观年间，高僧慧褒和尚云游至此，见山中龙女泉、白龟泉大小泉水，清澈见底，汩汩而流；起云峰、鳌鱼岭高低山峰，茂林覆盖，起伏如浪。慧褒和尚就留在山上结庐。慧褒草庐后由宋代高僧中会和尚扩建为褒禅寺。宋代元裕和尚慕名来到褒禅山，重修褒禅寺，使其初具规模。明朝永乐年间，郑和下西洋归来后，也兴建殿堂。当时褒禅寺屋舍千余间，常住僧众千余人。至今民间还流传着一句谚语："褒禅寺和尚，骑马关山门。"

褒禅山在江淮平原算是高山，海拔 480 余米。站在山巅，放眼望去，白墙黛瓦的村舍星散于青山绿水之间，如诗如画。

华阳仙洞是许多人想探寻的。洞因位于山南，即山之阳，故称华阳洞。洞口右上方生长着数株千年青檀古树，扎根于裸露的石灰岩山体上，树根外露，古朴遒劲，仿佛天育一盆景。洞口左侧一股清泉从石缝里涌出，谓之"有泉侧出"。

沿着王荆公当年游洞路线而行，踏上一座汉白玉小桥，由前洞进入。佝偻着腰身行十余米，上游船作"天河泛舟"，弃舟登岸后继续弓腰小心而行，洞道曲折幽深，四壁钟乳石千姿百态，"莲花倒影""织女晾纱""莲台瀑布""美人涌出""梦笔生花"，不一而足。再往前，至"荆公回步"处。而后绕过洞中"蓬莱仙岛"，便到"灵宵宫"大厅。此处垂直高度近 20 米，面积能容 200 余人聚会，真可谓别有洞天。继续前行，到了后洞出口，放眼望去，茂林葱郁，满目苍翠。

褒禅山上，晴有轻岚，阴有烟雨。山上山下，古木成林，山雨欲来，云雾涌现，蔚为壮观。清代居巢文人陆龙腾诗云："杖黎山下几何看，谁识看山不为山。只爱云深山泼墨，苍岭万对有无间。"

褒禅山北麓有桃源村。村后小桥流水，溪流绕户。再往后走是褒北水库，一湖碧波被四周葱翠的树林映染得幽深明亮，水中透出醉人的孔雀蓝和翡翠绿。山里人家就地取材割茅草盖房，采山上石片垒墙，一排排石墙草顶的屋舍掩映在绿树丛中。在这里可以品尝到腊味、野味及山里人自家酿制的米酒。

远道而来，登褒禅山，探幽访古，恍入仙境。吃一顿山中农家饭，重又回到烟火人间，如此穿越，岂不美哉？

㉒ 琅琊山：醉翁之意在山水

琅琊山档案：

琅琊山位于滁州古城西南约 5 千米，现滁州市西郊。主峰小丰山，海拔 321 米，总面积 240 平方千米。自宋代以来，琅琊山一直是皖东有名的历史人文胜境。

琅琊山天下皆知，源于北宋庆历年间滁州太守欧阳修留下的《醉翁亭记》。

关于琅琊山在哪儿，《醉翁亭记》交代得清楚明白："环滁皆山也。其西南诸峰，林壑尤美，望之蔚然而深秀者，琅琊也。"

滁州《琅琊山志》载："东晋以前，此山不知何名。唐代大历六年，滁州刺史李幼卿在山上兴建寺院、开凿山泉时，按东晋元帝司马睿任琅琊王时曾'寓居于此'的传说，称其山为'琅琊山'，山中的溪水称'琅琊溪'。"北宋欧阳修任滁州太守时写下的一篇脍炙人口的《醉翁亭记》，令琅琊山名扬天下。

千百年后的我们，到了琅琊山，首先还是看山。山不高，琅琊山属江淮之间低山丘陵地带，其地形为西南高，东北低。最高山峰为小丰山，海拔 300 多米。山中多藏峡谷，深者百米。山体多岩石，石如怪兽，面目狰狞。漫长的地质年代，打造了形态各异、大小不一的岩溶洞，诸如琅琊寺后雪鸿洞、鸡爪山上重熙洞，山上溶洞不下 20 处。

看山亦看林。琅琊山植被物种丰富，林是一景，望之蔚然。琅琊山地处亚热带北部边缘和暖温带南端，属南北植被类型过渡地带。山上有耐寒的北方植物，也有喜温的南方植物。山上珍贵古木多，高大的琅琊榆、醉翁榆是琅琊山的特有树种。一些古树高二三十米，须两三人方可合抱。在寺庙等古建筑周围，百龄古树更是随处可见。

看山亦看鸟。山上野生动物多，鸟更多。除了黑枕黄鹂、杜鹃、寿带、灰喜鹊、柳莺、金腰燕和伯劳这些江淮地区著名益鸟，还有一些颇具生态、经济、科研、观赏价值的鸟类，如绿头鸭、绿翅鸭、苍鹭、大白鹭、鹰、鹞等。一座林木茂密的琅琊山，真可谓鸟的天堂。去看鸟，成为众多游客多次往返琅琊山的一个重要原因。

雪中醉翁亭

看山亦看水。有山必有水，无水的山没有灵气。琅琊山有水，且不同于别处。看泉，看溪，看湖。泉有让泉、酿泉、紫薇泉；泉流成溪，名叫琅琊溪；溪水入湖，湖有深秀湖，是琅琊山中最大的水面，位于琅琊山醉翁亭至琅琊寺的山道边。四周青山环抱，湖水幽深秀丽，由《醉翁亭记》中“蔚然深秀”一语得名。深秀湖水源自琅琊溪，向下注入滁州市的大水缸余家洼水库。深秀湖中九曲桥、湖心亭、玉带桥和水榭，都是好去处，游人在此泛舟垂钓，不亦乐乎。

看山亦看庙。琅琊山上的琅琊寺为全国重点寺庙，原名宝应寺，始建于唐代。后几经损毁，几度易名，或曰“开化禅寺”，或曰“开化律寺”。清光绪三十年(1904)，达修法师住持开化寺，重建寺院，称其旧名“琅琊寺”。依山而建的琅琊寺，静隐于山谷密林之中，是古滁州十二景之一。寺庙兼具南北两种建筑风格，既有北方皇家园林的豪迈，又有江南古典园林的婉约。

看山亦看亭。醉翁亭是琅琊山的核心和灵魂，实际上，游人往往先看醉翁亭。它离山门近，进山一千米即到。醉翁亭建筑群布局紧凑别致，亭台小巧独特，建筑物众多，却不雷同。醉翁亭、二贤堂、宝宋斋、意在亭、影香亭、古梅亭、六一亭、宝宋新斋、醒园、解醒阁、菱溪石、洗心亭和让泉，游人到此，不可落一处。醉翁亭属全国四大名亭，有“天下第一亭”之美誉。醉翁亭里刻有《醉翁亭记》的那块石碑，实属古代文化珍宝。

除了醉翁亭，滁州还有丰乐亭。它位于丰山脚下，是欧阳修于庆历六年(1046)修建，取“岁物丰成”“与民同乐”之意。欧阳修并撰《丰乐亭记》。建成后，欧阳修时常呼朋引伴来亭中饮酒、题吟，与民同乐。亭中留下诸多碑刻，苏东坡手书《丰乐亭记》石刻最受称道。

“游人去而禽鸟乐也。”乐的不光是禽鸟，自琅琊山下来，一路嬉笑的游人们都是一副乐而忘归的模样。

㉓ 伍员山：烟云萦绕分苏皖

伍员山档案：

伍员山风景区位于郎溪县东北，处于安徽和江苏省交界地带，毗邻天目湖风景区。景区面积达28平方千米，以伍员山和伍员山林场为主，以古迹和森林为特色。

伍员山风景区位于郎溪县东北，处于安徽和江苏省交界地带，毗邻天目湖风景区。景区面积达28平方千米，以伍员山和伍员山林场为主，以古迹和森林为特色。

伍员山属于天目山余脉，最高海拔441米，是安徽郎溪县与江苏常州市的分界山。如果从卫星地图上看，这是一片类似青藏高原的山脉，方圆数十里村落稀少。

据说，春秋时期，伍子胥在逃离楚国时遭大批楚军追杀。到乌龙山时，追兵将至。这时突然起了大雾，而此刻伍子胥的坐骑竟然倒退着上山。当楚兵逼近，发现马蹄是从山上下来的，便放弃往山上追踪，伍子胥因此逃过一劫。

伍员山古道

此后，伍子胥率领吴国大军攻打楚国时再次来到伍员山，并在山上竖起牙旗，因而伍员山又名伍牙山、护牙山、护形山。明嘉靖《建平县志》记载："伍员伐楚还吴经此，建牙，因以为名。"

伍员山虽处人烟稠密的华东之地，但因山地崎岖，自古人迹罕至。因而植被稠密，环境清幽，烟云缭绕，满目青翠。

伍员飞翠

郎溪境内的伍员山下有白庙遗址和子胥庙残址，山中曾经建有伍子胥的祠堂，可惜都淹没在岁月的沧桑中了。后人凭临旧址，遥想当年春秋风云，不免感慨万千。

伍员山南还有龙王庙旧址，前有参天古树，后有古井两口，井水清澈，常年不枯，被周边百姓称为神水。

深入伍员山中，山腰烟雾缭绕，头顶紫气氤氲，仿佛置身于仙境。其山左侧的景观“伍牙飞翠”系古代郎溪八景之一，其右侧有“跑马道”，独步其间，自然会发思古之幽情。

历史为一座山增添厚重之气，也为一座山增添风韵。正因为伍员的众多遗存，伍员山才有了不一般的神韵。它融自然与人文于一体，自古就有“山色凝烟翠欲流”之誉。自唐、宋以来，有四方文人墨客和达官显贵来此山观光，并吟诗作赋。如明朝福建按察使宗玺有一首《登伍牙山》诗即吟道：“肩舆独上伍牙山，古木苍藤几百年。日漾飞流横射目，云蒸峭壁直擎天。人看鸟背惊还灭，路转羊肠断复连。东海望来才咫尺，乘槎耐可问群仙。”

登临峰巅，眼观缥缈云雾，耳闻萧萧风声，极目远眺，山下东有波光潋滟的天目湖，西有秀水泱泱的龙须湖，恍若置身于蓬莱仙境。

春秋风云早已湮灭，伍员山在漫长的历史里沉默无言。现在，这座沉寂的大山已被开发建设成一个风景秀丽的景区，供人休闲、游玩、度假，让人抚今追昔。

在伍员山风景区的北部，以罗市村为中心的罗市景区，有千百亩的桑园、板栗园、布朗李子园等果园，开展农业旅游。以伍牙山林场为主的龙头湾景区，利用森林、龙头湾水库、清水塘、野生动植物以及附近的独山水库、独山古塔等，开展度假、休闲旅游。而以凌笪乡侯村及附近以林场为主的侯村景区，内有古建筑侯氏宗祠、著名国画大师张大千先生父母墓、高草湖水库等人文景观，名誉天下的特产侯村蜜枣就产自此处。

景区还有山水秀丽的独山村、一派江南风情的董树头村……美丽乡村如玉佩般镶嵌其间，为今日伍员山增辉添彩。

大历山：绿树清泉说尧舜

大历山档案：

大历山，简称历山，又名舜耕山，位于东至县尧渡镇，主峰仙人掌海拔372米。相传此山为舜帝耕作之地，与尧帝乘船至大历山访舜而得名的尧渡河合称“尧舜文化景区”。

一座山上若留存了历史上杰出人物的气息，人们便会对它肃然起敬。大历山便是这样一座山。

一座巴掌形的山峰从波浪翻滚的群山中脱颖而出，气魄雄伟，直指苍穹，名为“历山”。这是一座集尧舜遗迹、佛教文化、岩溶景观于一体的历史文化名山。

山上人文景观众多。唐代贞观二年（786）始建草规庵、隐龙庵、真人观；明代建有尧舜祠。如今山上尚存法藏寺、尧池、舜井、尧舜望江台、尧憩石、舜耕地等景观。对于山上景观，史籍多有记载。清嘉庆《东流县志》曾载：“山之西有舜城，山之东有舜井，上有寻真观、草规庵……庵之后有望江石。旁有潜龙，皆

大历山碑廊

大历山的茂林修竹

游览之胜也。”

旧版《池州府志》盛赞大历山：“南望匡庐，西瞰江渚，最为雄杰。”“山不在高，有仙则名。”大历山之仙，便是尧舜二帝。

传说远古时期舜初耕于此，英名远扬。尧帝慕名而访，请求舜随尧下山辅佐朝政，舜开始不理尧帝。尧帝再三恳请，舜终于被感动了，答应出山协助理政。后人为纪念尧帝屈尊求贤、舜躬耕垄亩，取山名为“舜耕山”，命尧帝因来此而渡河之处为“尧渡”。自东汉建县以来，“舜耕山”一直为该县八景之一，人们争相拜谒。唐宋以后， 先后建造了尧祠、舜祠、寻真观、草规庵等庙宇。

历代文人墨客也纷纷前来寻幽访胜，凭吊先贤，吟诗作词，状景抒怀。在浩如烟海的诗词中，北宋政治家、文学家范仲淹《尧庙》一诗最为出彩：“千古如天日，巍巍与善功。禹终平洚水，舜亦致薰风。江海生灵外，乾坤揖让中。乡人不知此，箫鼓谢年丰。”千百年后，寻真观、草规庵、舜祠早已废圮，唯尧池、舜池保存着史料上所记载的风貌。

山上还有法藏寺，规模宏大，前后两进大殿，中有寮房相连，建筑面积千余平方米，雕梁画栋，飞檐斗角，气势辉煌。寺内常住僧众十余人，终日佛灯高照。

大历山之上有好几处溶洞，古往今来，数不胜数的游人、香客不畏艰难险阻，秉烛探游。清人汪之涟《游隐龙洞》诗曰："山洞山来远，神门日稳眠。藤萝常碍月，石柱自擎天。古篆苔痕蚀，新泉滴露涓。云从应有会，腾踔最高巅。"五个溶洞中，堆云、燕子两洞较大。堆云洞口乱石成堆，洞内钟乳石情态各异，或张灯结彩，或竹笋初生，或洪钟高悬，令人目不暇接。燕子洞内乳石形状奇异，酷似人工雕琢而成。有的像狮子戏球，有的如大象甩鼻，有的似金鸡引颈，有的若骏马奋蹄，令人拍手叫绝。

山上怪石星罗棋布，绿树成荫，百鸟争鸣。置身其间，只觉如梦似幻，宛入仙境。登上山顶，有望江石，跨步站到石上，极目远望，长江如带，帆影似鹭，远山如烟，近山似缎，村舍俨然，炊烟袅袅，青山怀抱绿水，绿水绕着青山，好一派江南风光。

置身舜耕山，会忘了身在何处，疑自远古而来。

25 齐山：好山好水看不足

齐山档案：

齐山，即翠微山，位于池州市城区。其名最早见于唐代，一说因十余座小山峦几乎等高，十分整齐，故名。岳飞曾为之留有诗作。

池州是一座宜居城市。城在山下，又在水边。历史上，许多名人在这里留有诗篇。

齐山又叫翠微山，位于池州市区南 1.5 千米处，北接平天湖湿地，西临世纪森林大道，南依 318 国道。山上林木森然，植被茂密，山风吹来，松涛阵阵，竹海扬波，令人心旷神怡。山在城郊，空气清新沁凉，给市民提供了一个天然“大氧吧”。

齐山以岩溶地貌为主，山上岩、洞、石、壑、泉、峡密集，形成了奇形怪状、琳琅满目的岩溶景观。漫步齐山道上，如行画廊中，堆堆怪石犹如一列天然盆景，天赋异秉，情态独具。

齐山之名最早见于唐代。一说齐山有十余座小山峦，几乎等高，十分整齐，故而得名；一说唐贞观年间齐映任池州刺史时，常游这座秀美玲珑的山，因“有惠政于池，后人仰其功德，以其姓而命山名”。北宋时期，包拯因“坐失保任，降为兵部员外郎，知池州”。他题下了“齐山”二字，后刻于崖壁之上。至今可见包公题铭，笔力遒劲。

历代达官贵人心仪齐山，在此修庙宇，兴书院，建亭阁。如今齐山风景区内，有齐山洞天、摩崖石刻、翠微亭、汉白玉岳飞雕像以及石刻碑廊等主要景观，其中摩崖石刻尤为珍贵。唐代以来，文人雅士纷纷登临齐山，或观光，或凭吊，触景生情，吟诗唱和，留下了众多的石刻印迹，至今尚存 100 多处。

通过摩崖石刻看齐山，不难发现齐山原来是诗山。唐代诗人杜牧任池州刺史

齐山

两年，留下不少好诗文，其中《九日齐山登高》写道：“江涵秋影雁初飞，与客携壶上翠微。尘世难逢开口笑，菊花须插满头归。”当时与杜牧同登齐山的，还有诗人张祜。张祜作《和杜牧之齐山登高》：“秋菊南岸雨霏霏，急管烦弦对落晖。红叶树深山径断，碧云江静浦帆稀。不堪孙盛嘲时笑，愿送王弘醉夜归。流落正怜芳意在，砧声徒促授寒衣。” 杜牧与张祜一唱一和，诗作皆被后人刻在齐山岩石上。

杜牧后来在齐山西巅建有一亭，取李白《赠秋浦柳少府》诗句“开帘当翠微”意而命名“翠微亭”。此后，“翠微”即为齐山象征，齐山又称翠微山。北宋诗人梅尧臣，曾任池州建德（今东至）县令，来池州时曾登临齐山，作诗《紫微亭》凭吊杜牧：“牧之旧游处，苔滑屐莫将。”南宋抗金名将岳飞出兵前曾屯兵池州，月夜登齐山访翠微亭，赋诗《池州翠微亭》：“经年尘土满征衣，特特寻芳上翠微。好水好山看不足，马蹄催趁月明归。”清代诗人袁枚盛赞齐山，因山上所刻杜牧登高诗感慨万分：“姓名毕竟摩崖好，七百年来认旧题。”

登上齐山之巅，站在翠微亭里，临风远眺，长江如练，湖水如镜，丘陵拥翠，田舍井然。若在蒙蒙细雨中，最易想起杜牧那两句诗：“借问酒家何处有，牧童遥指杏花村。”

㉖ 白崖寨：南国长城雄且秀

白崖山档案：

白崖寨位于宿松县趾凤乡境内，始建于元朝末期，地势险要，易守难攻，为历代兵家必争之地。历经600余年风雨侵蚀，基本保持原貌。白崖寨被称为“南国小长城”。

白崖山本名白牙山，因山产白牙茶得名。当地人说的“名山风雨白牙青”，“白牙”就是茶。白崖寨成蜿蜒之势，雄踞于白崖山上。名气大了之后，寨名代替了山名。

白崖山主峰雁恋坡并不高，海拔470多米，却很险峻，凌空矗立，四面悬崖陡立。白崖寨是一座历史悠久、规模宏大的军事古寨，始建于元末。它地势险要，易守难攻，有“南国小长城”之称。

白崖寨城墙周长4千米，高1～4米，宽1米多。通体用大块片石垒砌而成，顺着山脉走势而建，或者拦山腰而筑，环绕白崖山东峰、西峰、北岭、雁恋坡、大印坡诸峰。从远处眺望，但见翠峰高耸，峭壁飞云，山峦逶迤起伏，白崖寨盘踞山腰，宛如一条静卧的巨龙，随时可能腾飞万里。

寨墙东西南北四个关口，都建有门楼。东有“朝九”，西有“百花”，南有“听雨”，北有“乘风”，西南有“攀龙”。现存“听雨”“朝九”和“攀龙”三门。门楼系大块条石砌成，呈半月桥拱状。高达10余米，顶有炮口，可供瞭望。攀龙门外山泽冲是进出白崖寨的主要通道，沿途有船舵石、关门石、船形石、鸟语崖、龙骨石。两侧峭壁千仞，崖下绿树成荫。攀石阶躬行而上，路窄仅容一人，真有“一夫当关，万夫莫开”之感。

进入攀龙门，两扇巨石侧立相对，宛若两扇大门，这就是“关门石”。当年，张献忠部将刘国能曾与史可法在白崖寨交战，战死于此。省彻禅师曾经在此修炼，留有诗作：“山上层峦欲连连，山前一树独擎天。放开利辔名缰远，锁住心猿意马坚。百尺谁将重钥启，三生我结虎溪缘。此辈可是飞来石？莫让嘉名鹫岑传。”

过了攀龙门，再穿越一片茂密的竹林，便到了关帝庙。关帝庙始建于元，清朝乾隆年间省彻禅师扩建。原有五大殿，正殿前有万年台，旁边有魁星阁。当年香火旺盛，引来四方香客，后来多次毁于战乱，如今仅存一角。

百花门内古迹多，有史公祠、惜字亭、化字池、旗杆坡、点将台、跑马埂等，史可法曾在此练兵点将。清赵世晟诗曰：“化日消空却火烟，荒城废堡尚云边。群山围住英雄迹，老树遮深佛国天。”西峰一带有鸟语崖，如百鸟群集，展翅飞翔。青蛙石恰似青蛙伸腿张口，跃跃欲试。大自然鬼斧神工，令人惊叹。

到听雨门途中，山道六次弯曲，与听雨门外三曲，合为九曲。听雨门外右侧，有白崖寨创始人吴仕杰及其父亲墓葬。九曲居为清朝吏部主事贺欣于光绪年间所建。贺欣当年捐资修建白崖寨城墙时亲笔题写“听雨”“朝九”两门额，并作诗：“涧曲泉鸣石，松疏月入林。来源皆活相，落花是清音。”其原本为军事旧地，竟也赢得不少文人歌吟，诗意盎然。

万里长城自有它的雄伟气势，“南国小长城”亦有它的风采意韵。

27 小孤山：长江绝岛

小孤山档案：

小孤山位于宿松县城东南，为独立山峰。山体周长约 1 里，海拔近 80 米，以奇、险、独、孤而著称。

船过九江，江面渐趋开阔，水流亦渐趋平缓。放眼望去，只见烟波浩渺，在水天之际，有一支如柱大笔，直立巨砚之中，正在饱吸墨水，预备书写最美文章。

船渐行渐近，才看清那不是一支笔，而是矗立于江心的一座山。山峰陡峭如削，宛如擎天之柱。那座独立突起的山峰，便是小孤山。

小孤山是长江中下游地区闻名遐迩的风景名胜区，素有 “长江天柱” “江上蓬莱”之美称。

小孤山是形成于 200 万年前第四纪冰川时期的地质奇观。它孤峰独峙，直插江心，砥柱中流，大有“障百川于千里，纳群山于足下”之雄伟气势。山上曲径通幽，树木苍翠，亭台楼阁，立于绝壁。小孤山以奇、险、独、孤而著称，千百

油菜花开孤山美

年来，它的钟情者们给小孤山做出了极为形象的描述：“东看太师椅，南望一支笔。西观似悬钟，北眺啸天龙。”无论从哪个角度看，小孤山都有独一无二的韵味。历代文人墨客对小孤山情有独钟，留下了无数脍炙人口的诗句。北宋宰相刘沆诗曰：“擎天有八柱，一柱此焉存。”南宋爱国诗人陆游赞曰：“江水东流直下吴，狂澜倒挽一人无。世间枉说奇男子，砥柱还须让小姑。”明朝三大才子之一、大学士解缙诗曰：“一望东南形胜阔，何须海上问蓬莱？”

别看小孤山小，却有悠久的历史文化。相传大禹治水时，曾经到此刻石记功。秦始皇东巡亦来此，留有“中流砥柱”之石刻。有唐以来，小孤山的名字正式见诸诗人笔端。小孤山之“小”，则是与江西鄱阳湖“大孤山”相对而言；小孤山之“孤”，是言其独立不倚。其山势如古代妇女头上的发髻，故亦称髻山。因小孤与小姑同音，遂转“小孤”为“小姑”。有好事者将长江对岸“彭浪矶”之“彭浪”说成“彭郎”，遂演绎出小姑与彭郎相爱的许多美丽传说，当然也是说二人殉情化作守望的两座山。就连北宋大诗人苏轼来小孤山也未能免俗，曾作诗戏谑道：“舟中贾客莫漫狂，小姑前年嫁彭郎。”自古以来，在人们心目中，小孤山就是一座有故事的山。

你若登上小孤山，会发现山上无处不景，无景不奇。上有奇花异木，下有江流不息。据说东海涨潮时，潮头溯江而上，碰触小孤山即回，不再往上，故小孤山又称“海门山”“海门第一关”。环山步道，盘旋而上，令人步步惊心。沿途与奇峰怪石擦肩而过，有入神仙福地的感觉。山上茂林修竹中，多庙宇亭台，胜迹迭出。一天门、龙角石、龙耳洞、关圣殿、弥陀阁、先月楼、半边塔、界潮祠、御诗碑、梳妆亭、观涛亭、启秀寺、藏经楼、圣母殿、大雄宝殿许多景点，如珠成串，每一个景点都有历代名人题匾和碑文，文化色彩浓重。

小孤山一山锁江，地势险要，历来为兵家必争之地。南宋后，小孤山为军事要塞，曾设立烽火台和炮台。元代红巾军与余阙，明代朱元璋与陈友谅，清朝彭玉麟率领湘军与太平军，在小孤山附近均有激烈交锋，曾经一决雌雄。故小孤山古时又称“安庆门户”“楚塞吴关”。

从小孤山上下来，就能真正理解陆游《过小孤山》中的一句话：“凡江中独山，如金山、焦山、落星之类，皆名天下，然峭拔秀丽皆不可与小孤比。”

28 三尖寨：花亭湖畔禅意悠

三尖寨档案：

三尖寨，即三尖山，三山耸立在花亭湖的上游，位于太湖县弥陀镇田家村，海拔846米，是本地最高峰，又称“三尖峰”。

三尖寨与花亭湖相依。这里云山雾海，溪流清清；鸟语声声，风景怡人。

三尖寨也叫三尖山，因山上有寨，便以寨名。它与司空山紧紧相依。主峰中部有一巨石，形似吼啸的狮子。狮口是深10米的天然石洞，三千寺就建在石洞旁。

据乾隆《太湖县志》记载，“三千寺，县西北百里。三所，曰上、中、下。金、张二祖师建。”这里所说的金、张二祖师，是本净禅师的弟子金玉普禅师和张选广淳禅师。由此可以推断，三千寺建于唐天宝年间。“三千”即佛教“三个大千世界”的意思。它分为上寺庵、中寺庵和下寺庵，每寺皆有佛殿三层，故名三千寺。它的历史在日本都有记载，据说曾有“僧徒三千道八百”的香火鼎盛场面，可惜均毁。原下寺庵现已建成民房，保存最好的当属明朝万历年间的明月晖庵。

现有的三千寺是在原上寺庵处狮子口下重建的。寺中巨石狮子口内供奉着神医华佗夫妇塑像。据说，三尖山有许多名贵的药材，华佗夫妇常常来此采药、治病。华佗之妻曾来到三尖山，治好了很多不孕妇女，乡人尊其为“送子观音”，便将华佗夫妻二人供奉于寺。

三尖寨自然景观和人文景观丰富。三千寺的西侧有群瞻恋母、仙人弈盘、金香炉、牛肚瀑布、罗汉巨松、古樟焕彩、鱼跃跳清泉、石破天惊、白莲花、水云洞等十二大景观散落在群峰翠木中。寺旁有日月洞，上面是一条小溪，溪流到山石上，浪花飞溅，响彻云霄。寺后有一升佛石，民间传说得道高僧西方大力禅宗师在此升天。其左侧 30 米处，有一巨石，平面如削，相传是三千寺历代高僧面壁坐禅之处。

寺的上面是三千寨。据当地《王氏家谱》记载，元末，花果园（今花园村）有一人名王玉二，对元朝当权统治者的无能深恶痛绝。为推翻统治者的统治，他号召当地数万人坚守山寨，抗元御寇。后来，王玉二归顺朱元璋，被封为御林前卫千户。至今山顶的古寨址、石城墙、石城门、石柱、瓦砾等到处可见。

这里不仅禅宗文化深厚，也吸引不少文人前来吟赏烟霞。清代状元赵文楷小时候常来三千寺游玩，写下不少诗句。山下的田家冲有独特的民间戏种叫曲子戏，质朴动听，被列入安徽省非物质文化遗产名录。

在喧嚣的城市久了，不妨来到三尖寨，静静地观看奇山异石，深深呼吸带着花草和泥土芳香的空气，在松涛声中进入美丽的梦乡。

29 独秀山：人以山名 山以人名

独秀山档案：

独秀山风景区位于怀宁县中部，距安庆仅20千米，一峰拔地，雄峙众山，山水相依，其中观音洞为名胜。

一方水土养一方人。“五四”运动总司令、新文化运动的旗手陈独秀，仰慕家乡独秀山，自号“独秀山民”。

陈独秀原名陈仲甫，他与友人登山，眺望山川胜形，见此山一峰拔地，雄峙众山，发源于斯的井田河，百折而下奔大江东去。他触景生情，大兴感慨：“此山独秀，如斯名也！”

辛亥革命后，陈仲甫便改名“独秀”。自此，山因人显，声名远播。遥想当

独秀山晨曦

年，陈独秀一腔热血，满腹经纶，为兴我中华，积极提倡“德先生”“赛先生”，高举反帝、反封建大旗，冲锋陷阵，勇往直前，那志气、那豪情、那才气，不愧为当时中国思想界、文化界的“明星”！

伫立独秀山峰顶，极目远望，锦绣大地，历历在目。远眺东南，群山起伏如腾龙，江河奔流如走蛟；遥望西北，天柱耸峙刺苍穹，丘陵岗地涌壮景；俯瞰脚下，井田畈地田园风光锦绣，观音洞水库碧波荡漾，风光四时变幻，美不胜收。

独秀山脚东北 1000 米，雄壮的观音洞水库大坝下，有一处神秘莫测的岩溶洞穴——观音洞。《怀宁县志》载：“观音庵观音洞口有天生观音石像”“洞在山底，有水，冬不涸，夏不溢，潮汐应时子午，未知其江脉海脉也”。

观音洞水库如同璀璨明珠镶嵌在独秀山下，碧波荡漾。四周秀色苍苍，水面上鸥鹭飞翔。附近的下天洞、私语洞、老爷岩、香炉冲、谷泉寺与清水碧波互相辉映，意韵丰盈。

汉前的井田河冶炼场，两汉的观铺、西涧古墓群，晋陵畈的晋太子陵，始建于梁的法雨寺、莲花庵，宋代朱熹的山间讲学堂，近代高楼岭、饮马塘太平军屯兵遗址……这些众多的名胜古迹，昭示了独秀山浑厚的文化底蕴。

山不在高，有人则名。一个人，一座山，在中国的文化史上，有着不一般的分量。

司空山：中华禅宗第一山

司空山档案：

司空山风景区位于岳西县城西南，主峰海拔1227米，是古皖名山之一。禅宗二祖慧可隐居此山，建刹说法，为禅宗胜地。

司空山位于岳西冶溪、店前两镇。整个山体气韵万千，如同一尊身披袈裟的坐佛。它海拔1227米，面积35平方千米。景区内树木参天，溪流潺潺，美不胜收。

司空山得名于人。周朝时期，淳于大司马在此隐居。山中深藏雄关险寨、云海佛光。正是其浓郁的佛意，吸引了中国佛教禅宗二祖慧可大师来到这里弘扬佛法，因此司空山也成为中国佛教禅宗文化的发祥地，在我国佛教历史上占有重要地位。

公元577年，北周武帝灭佛，在禅宗也面临灭宗灭派的生死存亡的紧急关头，禅宗二祖慧可护经像南下舒州，隐居此山，建刹说法，在此传衣钵于三祖僧

禅宗秘境司空山

司空山晚霞

璨，保住了佛教禅宗一脉。

据说，李白久慕司空山胜境，遂隐居山中。后人为纪念李白，建“太白书堂”。今司空山左山坳的幽壑溪畔即书堂旧址。附近岩壁上刻有李白所作的《避地司空原言怀》诗篇，还有明进士罗汝芳镌刻的“太白仙踪”四个斗字以及他的“莫题诗”警世句。

司空山巍峨俊秀，不仅仅是自然风光秀美，人文遗存也是格外丰富。这里的二祖寺始建于唐天宝年间，为玄宗敕建。它背依司空山极顶悬崖，面对钵盂山、讲经台，左有丘峦环抱，右有清泉潺流。

山上有天然石窟，面积 15 平方米，内有清泉，终年不涸。相传二祖慧可在这里传经授法于三祖僧璨，二祖禅刹因此得名。

司空山独特的魅力，吸引历代文人墨客登山游胜，赞景抒情，怀古言志，留下满山石刻。这些历史遗迹增添了司空山的文化积淀，使司空山展现出它独有的气韵万千。

31 龙眠山：诸山何处是龙眠

龙眠山档案：

龙眠山位于桐城市北郊，山势蜿蜒，主峰擎天，余脉东去，直抵嬉子湖畔，宛若游龙戏水。“宋画第一人”李公麟在此建龙眠山庄，画《龙眠山庄图》。

一座山有一座山的气息，龙眠山散发的是浓郁的文气。

龙眠山位于桐城市北郊，景区内有龙门、碾玉峡、披雪瀑、赐金园、文和园等诸多自然景观及人文景观。

如果从桐城市区出发，往西北而行，进了龙门，便算到了龙眠山。龙门位于龙眠乡与太平街道交界的颂嘉岭上。巨大的龙门横跨龙眠公路，石柱石梁，环拱

浮雕巨龙，顶盖黄色琉璃瓦，为龙眠山风景区标志性建筑。门侧刻有北宋诗人黄庭坚诗句：“诸峰何处是龙眠，旧日龙眠今不眠。”

游龙眠山，不可错过碾玉峡。清姚兴泉《龙眠杂忆》词云：“桐城好，最好是龙眠。碾玉峡前双水合，赐金园外万松园，山借宋人传。”“碾玉峡”入词，足见它在龙眠山名胜中分量之重。近观碾玉峡，峡谷深窄，两岸陡峭，峡底白石，边有深沟，形似“碾槽”。水流入碾，飞珠溅玉，落地归溪。清桐城派代表作家刘大櫆《游碾玉峡记》云：“东龙眠山之幽丽出奇可喜者无穷，而最近治最善为碾玉峡。”

自然景观里，披雪瀑亦颇有特色。披雪瀑在桐城市区西北碧峰山下，有瀑飞泻，如雪帘披，故名披雪。清桐城派代表作家姚鼐曾来观赏，著《观披雪瀑记》，赞其为“吾邑之奇”。

到龙眠山，主要还是探寻人。先探寻李公麟，他为“宋画第一”，其龙眠山庄建在龙眠山区双溪村。时隔九百余年，如今虽无法亲眼目睹李公麟泼墨挥毫，但一到龙眠山庄，便知道李公麟成就有多高。《宣和画谱》载，出自李公麟手笔的

宫廷藏画有100多幅，国画白描是他首创。读苏轼《龙眠山庄图跋》、苏辙《龙眠山二十咏为李伯时赋》，我们可发现李公麟热情好客，他的龙眠山庄当年定是日日高朋满座。

父子双宰相张英及其次子张廷玉，定是得了龙眠山的灵气，才拥有常人所不备的智慧和品格，才得以先后在康熙、雍正年间入阁，成为康乾盛世的优秀辅弼。

看张氏父子，可去赐金园和双溪草堂，还有文和园。赐金园在今龙眠双溪村。大学士张英用康熙赐金的一半，在家乡“谋山林数亩之地为憩息、休养之圃”，以“赐金”名园。《桐旧集》曰：“桐城张文端公以山水为性情，自称曰‘圃翁’。尝以水衡钱构园居之，名‘赐金园’。”

张英辞官回乡后隐居龙眠山中，在双溪筑草堂，养花种树。他曾自撰一联挂于草堂：“富贵贫贱总难称意知足即为称意，山水花竹无恒主人得雨便是主人。”康熙闻知，赐其堂屋一联：“白鸟忘机看天外云舒云卷，青山不老任庭前花落花开。”张廷玉自幼聪慧过人，有“手托万里江山”之壮志。他勤于政务，处事机敏，雍正喻其“调梅良弼”。

乾隆二十年（1755），服务清朝五十载的张廷玉，卒于家乡桐城，以大学士品秩葬于龙眠山，墓园以其谥号“文和”冠名。文和园藏于深山，从龙眠山腹地相国桥，沿一条林荫古道拾级而上，行百余步，豁然开朗处，张廷玉墓园近在眼前。园内修竹成林，松柏青翠，鸟鸣山幽。走进园林，顿觉心灵澄静，悄生怀古幽思。

出文和园，下龙眠山。去看看六尺巷吧，在那里最能领略张氏心胸气度。“让他三尺又何妨”，说来容易，做起来难。

32 横山：李白留有石门篇

横山档案：

横山石门风景区原属当涂县，现属马鞍山市博望区，东北与江苏省南京市江宁、溧水两区交界，南与石臼湖相连。自然景观和人文景观交相辉映。

“群峭碧摩天，逍遥不记年。拨云寻古道，倚石听流泉。花暖青牛卧，松高白鹤眠。语来江色暮，独自下寒烟。”唐代大诗人李白多次游历横山，酷爱石门山水，留下诸多诗文。盘桓横山期间，诗人或览胜，或隐居，或访友，每有题咏。其《赠丹阳横山周处士惟长》写道：“周子横山隐，开门临城隅。连峰入户牖，胜概凌方壶。时作白纻词，放歌丹阳湖。水色傲溟渤，川光秀菰蒲。当其得意时，心与天壤俱。闲云随舒卷，安识身有无。抱石耻献玉，沉泉笑探珠。羽化如可作，相携上清都。”从诗中的描述，读者可感受到横山石门景物之幽美。

横山石门风景区原属当涂县，现属马鞍山市博望区，东北与南京市江宁区、溧

横山森林公园

横山天瀑

水区交界，南与石臼湖相连。自然景观和人文景观交相辉映。

横山，古曾称衡山、番离，又称横望山，因四望皆横而得名。千百年来，这里因山色风光秀美、历史遗迹众多而被“仙家”选为修炼之所，被文人吟作“世外桃源”。

横山主峰太阳宫海拔459米，为马鞍山市最高点。登上主峰，35峰依次环立，山势威严，峰峦叠起，林壑幽美，风光秀丽。

横山主峰因眺望的角度不同而呈现的姿态不同，不同的人也就赋予了她别样的美名。因主峰如日出山坳，人们生动地称其为“太阳拱”；农民认为山峰形似斗笠，称呼她是“斗笠顶”；文人们认为她状如毛笔架，美其名曰“笔架峰”；水乡人认为她像莲花出水，把她叫作“芙蓉峰”。

横山自然景色秀美，自古就有绝壁垂松、玉泉临空、丛林夜月、丹灶寒烟、壁立万仞、龙井寒泉、石上棋盘、石门古洞等“横山八景”，如今仍是春有明媚山色、夏有飞瀑清泉、秋有云雾松涛、冬有竹海雪浪。

驻足山脚，那清澈见底的水库和以青山为背景的水中倒影会让你陶醉；漫步山中，扑面而来的是令人尽情呼吸的自然清香；登上山巅，你可东望旭日初升，西望长江如练，北望古都金陵，南望丹湖烟波，一览脚下高低起伏的山峦和山下色彩如画的原野。

横山宗教遗迹众多，有澄心寺、西林院、大圣院、长山庵等寺庙。横山大峡谷、太阳宫、古溶洞等自然景点闻名遐迩，从古到今引人神往。风景区内的石门石刻更是安徽省七十二处古迹之一。

石门位于横山西南麓一条峡谷深处，原有两扇天然石壁，左右排列，状若大门，气势恢宏。由于岁月沧桑，石门右侧已毁，幸存的左侧石壁上刻有“石门”二字，笔力遒劲，赫然入目，据考证为唐人所镌。石门摩刻的上侧极高处的石壁上，还有明代文人王磐题写的“壁立万仞”石刻四字。

石门一带，山水奇丽，盘道弯曲，是横山风光绝胜地。

横山因环境优雅、景色秀美而引得不少文人雅士前来探幽。据史料记载，最早的文人就是“山中宰相”陶弘景了。相传南梁陶弘景留恋横山山水景色，到横山隐居，皇帝下令诏他出山，他以《诏问山中何所有》赋诗以答：“山中何所有？岭上多白云。只可自怡悦，不堪持赠君。”此后许多文人慕名而至。

李白在《下途归石门旧居》中这样写道：“吴山高，越水清，握手无言伤别情……隐居寺，隐居山，陶公炼液栖其间……石门流水遍桃花，我亦曾到秦人家……”在李白看来，横山石门大有陶渊明笔下的“世外桃源”之味。

33 狮子山：二祖坐禅佛光远

狮子山档案：

狮子山位于太湖县牛镇境内，山体形如一头威武的雄狮，故名。这里既是禅宗二祖坐禅之处，也是禅宗文化发扬光大之地。

狮子山是镶嵌在太湖大地上的佛珠，光照千年。

走入狮子山，在茂密的常绿阔叶林中，可看到一座森严而壮观的二祖禅堂。据记载，南北朝时期，为躲避北周武帝灭佛之灾，佛教禅宗二祖慧可在狮子山上大葫芦石洞内面壁参禅，在香囊石上建造禅堂，开设道场。

唐代名相狄仁杰曾被贬为彭泽县令。太湖县南行即是长江，过江就是彭泽县。狄仁杰曾专程来太湖二祖禅堂朝拜，并题联“香烟缭绕芳千古，圣泽长明照万秋”。

杰出爱国宗教领袖、原全国政协副主席、中国佛教协会会长赵朴初老家就在太湖县。他在 1985 年亲笔题写“二祖禅堂”匾额，五年后回乡考察时赞誉狮子

二祖狮子山全景

山："狮子山是一座不平凡的山，山是一座佛，佛是一座山。"

这里有形状各异的奇岩怪石，它们如同这座"佛山"的守护者，千百年来屹立不倒。

相传二祖断臂立雪的事迹感动了上苍，故他在圆寂之后，遗骸石化成如今的卧像，这就是狮子山卧佛的传说。二祖禅堂的石壁上有葫芦石，为二祖打坐石龛的一部分。相传为二祖运神功摄来罩住头顶，危如累卵，随风摇动，取"醍醐灌顶"之意。

狮子山自然风光秀美，它没有巍峨的身姿，但气象庄严，如同山间的二祖禅堂，在葱葱郁郁的山林间，散发的是绵绵不尽的禅意。

二祖面壁石

天门山：天门中断楚江开

天门山档案：

天门山雄踞芜湖市北郊长江之畔，是“夹江对峙”的东梁山、西梁山之并称，因李白《望天门山》一诗而闻名天下。

李白诗作《望天门山》可谓千古绝唱，吸引一代又一代人朝着长江中下游江段引颈翘首，前往天门山眺望。若千年之后，李白再来天门山，诗中也许会变一字：天门中断皖江开。

自安庆坐船前往南京，船快离开芜湖时江面突然变窄，长江被南北两座拔地而起的突兀山峰紧锁咽喉。那两座山，便是李白诗中的天门山。如今的天门山景区位于芜湖市龙山街道，濒临长江黄金通道，紧临 205 国道，交通便捷。

坐落于芜湖的半边天门山，名东梁山，也叫博望山，与坐落于和县的西梁山夹江而立，宛若一道天设之门。远望天门山，只见其又似妙龄女子的两道柳眉，所以又有蛾眉山之说。

开元十三年（725），李白乘舟顺江而下，到芜湖时被天门山深深触动，写下《望

水天一色天门山

天门山》："天门中断楚江开，碧水东流至此回。两岸青山相对出，孤帆一片日边来。"诗人形象描绘出天门山的独特风姿，赞美日出大江之奇观。天门山亦随之名扬天下。

走近天门山，只见山势陡峭，如刀削斧砍，突兀江中，隔江对峙，二山中东梁山更陡峭，巍然屹立，令一泻千里的长江改变流向，折转北去，形成"碧水东流至此回"的奇特景观。

到了天门山，山下两处景点不容忽略。一是历史悠久的天门书院，始建于宋淳祐六年（1246），与绩溪桂枝书院、颍州西湖书院、歙县紫阳书院齐名。二是别具特色的铜佛寺，依山傍水，身处其中，如在仙境。

夕阳下的天门山

游过山上山下景点，不妨再去附近农家坐坐。若遇白发老翁，兴许他会讲"大冬瓜与大西瓜"的故事：很久以前，和县长江边有座山，叫梁山。梁山脚下住着个孤苦老人，靠开荒种杂粮瓜菜为生。一天，一位老寿星告诉他梁山里藏着许多珍宝，他的大冬瓜就是钥匙，只要找到山下另一个西瓜，把大冬瓜一撞，山门就会开。他的话被一个财主听到了，财主便扛着大冬瓜上梁山找大西瓜，最后终于撞开了山门，财主顺手牵头金牛，却不小心把大西瓜碰落滚进山洞。财主赶紧去追，谁知顷刻山门重又关闭，财主被困在洞里出不来。大冬瓜滚到江对岸变成一座山，便是东梁山。

等到船过"天门"，顺江而下，有关李白的遗迹逐渐增多，如江中揽月、骑鲸升天的采石矶以及大青山上的太白墓。不远处便是和县乌江镇，让人想起历史上另外一位英雄人物——"生当为人杰，死亦为鬼雄"的西楚霸王项羽。

35 舜耕山：舜帝教农耕耘地

舜耕山档案：

舜耕山脉横亘在淮南市境内，东西走势，1992年被批准为国家级森林公园，总面积达3.8万多亩。公园内主要景观有秀峰、怪石、涌泉、古寺、古寨、古战场遗址等。

舜耕山原是合肥长丰县与淮南市的界山。山脉呈东西走向，蜿蜒起伏，绵延20余千米，有山峰30多座，最高峰海拔297米。2004年，长丰县曹庵等7乡镇划归淮南设山南新区，舜耕山便成为淮南东部城区与南部城区之间的城中山。自然景观主要以洞山和罗山一带为主。

据地质学家考证，舜耕山为大别山余脉，山脉向南倾斜，东侧被断层所截。舜耕山一带在远古时期有繁茂的森林，森林中有成群结队的象、虎、鹿等动物。由于地球造山运动，原始森林被埋于地下，形成了今天的淮南煤田，而地下的石层崛起，形成今天的舜耕山。

民间流传，舜耕山因上古贤君大舜在此教农人耕耘而得名。话说当年，风尘仆仆的舜巡狩途中经过舜耕山，见山上山下一片荒芜，生活十分艰难，便在此停留。他教这里的百姓耕地、种粮、制陶、捕鱼、狩猎，改变了他们的生活。为纪

念舜的功绩，后人便称此山为舜耕山。

《寿州志》中记载：“《太平寰宇记》云：‘州东有舜耕山，相传帝舜耕此，石上有大人迹。’”《江南通志》则称其为“舜哥山”；明朝《一统志》称其为“舜耕山”“舜至山”。

舜耕山上有“舜耕亭”，六柱擎空，飞檐翘角，琉璃瓦顶，藻井彩绘。彩绘描述的是，史前时期，大舜南巡，在这里教人农耕、敦睦邻里的故事。它从一个侧面反映了舜深入民间，与淮上父老荷锄交谈、其乐融融的场景，诠释了舜的平民本色。

舜耕山人文厚重，自然资源更为丰富。这里山势绵延起伏，地形复杂，石、泉、洞、湖景色各异，山中森林挺秀，草木葱茏，泉幽洞秘，环境优美。春天野花烂漫，夏日绿树遮天，秋天红叶斑斓，冬季白雪皑皑。四季变幻，美不胜收。

进入山中，随处可见刺槐、侧柏、黑松等天然树种，野蔷薇、满天星、黄连等灌木和各种野花野草或沿石、或缘溪、或临坡而生，一派天然野趣。

舜耕山中多奇岩怪石，天地造化将岩石雕刻出千姿百态，或人或物，栩栩如生。如背痕坐印、仙女出浴、龙眼含珠、神龟听琴、野猪酣卧、蟾跃鹤翔等，莫不形象逼真。

有人说，怪石奇岩是舜耕山的外在之美，那么它的内秀则展现在众多的溶洞里。舜耕山的洞穴、石窟，多在其西坡和南坡，皆为自然溶洞，其中以老佛洞最为出名。老佛洞口为半圆形，高约2米，洞壁刻一硕大的笔力遒劲的“佛”字，洞内幽深莫测，冥蒙神秘。

舜耕山的宗教文化也源远流长，相传过去有30多座山头，山山有庙，其老佛洞前的舜王庙更是香火鼎盛，可惜大殿已毁于早年兵火。

在舜耕山脚下，有一村，名山朱村。村中有一古建筑群，粉墙青瓦，雕梁画栋，飞檐拱脚，前后四进，气势不凡，这就是晚清四川提督钱鑫的家宅——钱府。踏山野、观山色、瞻古宅，也为观光者增添了丰富的内容。

葱茏逶迤的舜耕山，是淮南一笔丰厚的文化财富，更是一座城市永远的风光。

36 皇甫山：屯兵故地白鹭飞

皇甫山档案：

皇甫山位于滁州市以西40多千米处，处在南京、蚌埠、合肥三市之间，是皖东丘陵的“屋脊”。皇甫山古称曲亭山、北将军山，因南唐大将皇甫晖在此屯兵而得名。这里鹭鸟种类多，皇甫山因此也被称为皖东白鹭洲。

皇甫山位于滁州市以西，离市区不足50千米。山上有优美的自然风光，也有丰富的人文景观。

这里树林茂密，生态环境良好，适宜鸟类生存。每年春夏之交，总有大批候鸟漂洋过海、翻山越岭，自南方远道而来，群集于此。“绿树鸟啼，清泉潺潺”“惊飞远映碧山去，一树梨花落晚风”，古人笔下的诗情画意，在皇甫山上恣意生发。

美哉皇甫山

黄甫山上的皇甫晖塑像

皇甫山上景点很多，有白鹭洲、弥陀泉、金甲池、古烽火台、仙人洞、十里檀廊、千亩竹海、渡仙桥、佛缘树、将军岭等。不大的景区，集中了山、池、泉、洞、寺、林诸多盛景，本是天设地造，却似人工雕琢。

皇甫山原名北将军岭，南唐大将军皇甫晖曾在此屯兵作战，后人便将山名冠以“皇甫”。对此，曾任滁州太守的欧阳修有文字记载，他在《丰乐亭记》中写道：“滁州五代干戈之际，用武之地也；昔太祖皇帝，尝以周师破李璟兵十五万于清流山下，生擒将军皇甫晖、姚凤于滁东门之外，遂以平滁。”

皇甫山群峰浪涌，山势起伏；低处谷幽涧深，溪流水响；山间花香四溢，鸟语林静；高处云雾缭绕，岚气蒸腾。古旧的寺庙亭阁掩映于浓荫之间，颇有深、奇、幽、秀、野的特色。皇甫山顶有南唐时建的烽火台，现存一座四层塔形的望火楼，游人到此登高远眺，可意识到这里曾是军事要塞。山上的弥陀寺，建于元朝至正元年（1341）。据说，朱元璋曾三次幸临于此。

终年云遮雾罩的环境有益于茶叶生长，皇甫山盛产佳茗。明《南京户部志》载:“秦淮南京库岁用茶，坐派滁州茶叶二百斤。”这“滁州茶叶”即“弥陀贡茶”，产自当年弥陀寺悟真大师亲手种植的茶树。至今，皇甫山尚存古茶树 1000 多株。

皇甫山主峰北将军岭海拔近 400 米，是皖东丘陵的最高峰。皇甫山地处亚热带，气候温暖，雨量充沛，物种丰富。山上山下郁郁葱葱，森林几乎覆盖了景区所有土地。山上有野生植物 110 余种，银杏、黄檀、鹅掌楸等国家级二、三级保护树种不下 10 种；活跃于林中的野生动物有 130 多种，以鸟类为主，各类鸟儿多达 120 余种。

在皇甫山众多的鸟类里，又以鹭鸟数量最大、种类最多，皇甫山因此也被称为"皖东白鹭洲"。活动在皇甫山的鹭鸟，主要有白鹭、池鹭、牛背鹭、中白鹭、大白鹭、夜鹭和苍鹭。专家估算，每年来皇甫山的鹭鸟数量在 10 万只以上。"两个黄鹂鸣翠柳，一行白鹭上青天。" 每到谷雨前后，这种诗意的画面在皇甫山一带屡见不鲜。

鹭鸟每年春夏从南方飞至长江以北筑巢产卵，孵育雏鸟，深秋叶落时飞回南方越冬，以鱼虾、青蛙及甲壳类、哺乳类动物为食。鹭鸟的生活习性决定了它对生存环境的要求：有稠密的树林，附近有生长苇芦、水草的湿地。皇甫山位于江淮之间，近山多水面，正好满足了鹭鸟的要求。鹭鸟属于益鸟，它捕食害虫，对森林保护和生态平衡起着积极作用。皇甫山滋养着鹭鸟，鹭鸟也像保护神一般护佑着皇甫山。

皇甫山，其实是一座白鹭之洲，可谓鸟的天堂。

37 令狐山：楚相避难留传说

令狐山档案：

令狐山位于定远县藕塘镇东南的皇甫山西麓，巍峨挺拔，草木葱茏。东依将军峰，西接东园民居，南面连营盘山，北濒大沙河，与藕塘老街隔水相望。

令狐山风景区是定远县一处独特的风景。这里风景怡人，历史悠久。相传早在汉代，令狐山上就建有寺庙；唐代时又相继增建子伯祠、碧霞宫等。当地风俗，每年的农历三月十五，周边的群众都自发到令狐山许愿，多时人数可达 30 万，场面十分壮观。

东汉时的楚相令狐子伯，少年时于此避难读书，其称相后为酬谢藕塘父老和僧人教养之恩，于庙后山巅兴建七级浮屠，名曰“文峰塔”，后人为怀念令狐子伯而易其名“令狐塔”。

抗日战争时期，日军将庙宇毁于一旦。经过省、市、县、兄弟乡镇、相关单

山水相映令狐山

位及社会各界的共同努力，藕塘镇党委政府重建了令狐塔，重建的令狐塔高 29.5 米，为方形七级砖塔，巍然屹立于群峰拱抱的令狐山之巅。

令狐塔重建后，几度中断的三月十五传统庙会又正式恢复。庙会前后数日，人们摩肩接踵，卖艺杂耍的各显身手，商贩叫卖声不绝于耳，游人从山顶一直排到街中心，绵延数里，好一派繁华景象。

来到令狐山，从山脚开始，你就会看到满眼的湖光山色，并且很快融入这种美轮美奂的旖旎风光之中。湖中建有水上亭和令狐山庄，在山庄小憩或者对酒当歌，也是人生一大快事！

登临山顶依令狐塔四面远眺，山门在望，人山人海；远处湖水如画，湖上游船画舫熙来攘往；再远处的山连绵起伏，让人浮想联翩……

令狐山景区还有一个非常重要的地方不能不去，那就是定远藕塘烈士陵园。在中国的革命历程中，藕塘写下了重要的一笔，并有“小莫斯科”的美誉。1939 年，遵照党中央关于开辟敌后战场的指示，新四军四支队第八团抵达定远藕塘镇，创建了以藕塘为中心的革命根据地。刘少奇也来过藕塘地区，藕塘成为抗战时期津浦路西抗日根据地的中心。高 24 米的烈士陵园纪念塔，矗立在葱绿的龙柏和桂花树中间，塔的两侧有竹园和梅园衬托。整个陵园显得非常庄严肃穆。

令狐山景区历史悠久，人杰地灵，自然景观和人文景观丰富多彩，令人感叹！

38 涂山：诸侯相会天下安

涂山档案：

涂山风景区位于蚌埠市禹会区与怀远县交界处。相传，早在4000多年前，大禹在此娶妻生子，召集诸侯，治理淮水。山下有禹会村。

坐落于蚌埠市西郊、淮河南岸，与怀远县城隔河相望的涂山，是一座有故事的山。

相传，早在原始社会，涂山一带为涂山氏聚居之地，古称涂山国。《尚书·益稷》载："大禹娶于涂山。"《左传》载："禹会诸侯于涂山，执玉帛者万国。"

4000多年前，大禹父亲鲧花了九年时间治水，采用"堵"的办法，却未将洪水制服。鲧临死前嘱咐儿子一定要想办法根治水患。后大禹奉舜帝之命，顺着淮河治水来到涂山氏国。当时，茫茫大地，一片汪洋。为从根本上解决问题，大禹"决口疏河""导淮于桐柏，东会于泗沂，东入东海"。大禹率领治水大军，不畏艰难险阻，开山劈石，于荆、涂两山之间，凿开一条河道，起到了为淮河分洪、泄

涂山雪景

洪的作用。淮河流域的洪灾被赶跑了，沿淮两岸黎民百姓安居乐业。大禹为治水“居外十三年，三过家门而不入”，在历史上传为佳话。

如今的涂山已是省级风景名胜区。风景区恰好位于我国地形、气候、植被、降水等重要分界线上，南方和北方也在此分界。大自然鬼斧神工，造就了涂山风景区的秀美风光。

景区内平原、丘陵、山地、河谷、湿地兼而有之。涂山、荆山夹淮对峙，呈现雄、奇、险、秀、幽、旷六大特色。山、峰、洞、涧、峡、泉、林、禽等多种元素融为一体，既有北方山地之雄浑，又有南国水乡之秀丽。正如明大学士宋濂游涂、荆两山时所赞誉：“临濠古迹，惟涂、荆二山最著。”

人到涂山，必谒禹王宫。禹王宫又称禹王庙、涂山祠，坐落于涂山之巅。所谓“禹会诸侯于涂山”，即指此地。后人为纪念大禹的治水功绩，在此立庙祭祀。从史料记载看，禹王宫始建于汉高祖时期，唐《名胜志》载：“汉高祖过涂山，命立启王庙，以镇荆山。立禹王庙，以镇涂山。”禹王宫经历了多次重修，元代大德年间学者吴文魁《重修禹王庙记》云：“涂山严严气象，禹以神功灵德，庙食此山，其来久矣。唐大臣狄梁公，天下正人也，毁诸淫祀二千七百余所，而禹庙巍然独存。”明代正德九年（1514）、万历二十四（1596）年先后修缮，清代乾隆年间曾两次大修，原有三进，后部分建筑被废，现存两进。

院内有千年银杏两株，需数人合抱，高耸入云。西北建有瞭望台，登临台上，涡淮波涌，荆涂峰翠，尽收眼底。西南有望夫石，亦曰启母石，如妇人正襟危坐远望，传大禹治水久不归家，禹妻涂山氏望夫日久，化身为石。西边有“圣泉”“灵泉”，清澈澄碧，久雨不盈，久旱不竭。历代文人名宦如狄仁杰、柳宗元、吴文魁、苏轼、苏辙、宋濂、邓石如等，均来此地怀古凭吊，留下了大量诗文铭刻。

涂山南麓淮河东岸禹会村遗址，呈南北狭长形，坐落于淮河之滨，这里有淮河流域目前发现最大的一处龙山文化遗址，总面积为50万平方米，距今4500～5000年。

经过多次的考古发掘，禹会村遗址出土了白陶鬶、黑陶杯、夹砂陶盉等礼器以及史前小麦等重要文物，多项发现填补了淮河流域乃至国内考古空白。专家研讨后认为，从发现的结果看，禹会村遗址可定性为大型祭祀性遗址，其鼎盛期正是大禹时代，且与大禹治水、会诸侯等活动密切相关。

正是通过考古学家对禹会村遗址的不断发掘、研究，最终证实在禹会村遗址最新发现的这座龙山古城，揭开了涂山氏国的千年之谜，使“禹会诸侯于涂山”由传说变为了信史。禹会村正在积极筹建国家考古遗址公园。

涂山与荆山夹淮并峙。荆山位于怀远县，著名景点有抱璞岩，传为卞和抱璞泣血之所。岩上有卞和洞，天然形成，幽深宽广，可容数十人。与卞和洞以谷为邻的是白乳泉。白乳泉原名白龟泉，相传唐贞元年间，泉内曾有白龟流出，因此得名。宋朝，诗人苏东坡与其二子苏迨、苏过自河南赴杭州过此，见泉水奇特，誉为“天下第七泉”，并留下《游涂山荆山记所见》诗：“荆山碧相照，楚水清可乱。刖人有余杭，美石肖温瓒。龟泉木杪出，牛乳石池漫……”因泉水甘美呈乳色，后人改名白乳泉。

白乳泉

景区四周峰峦叠翠，榴林似海。阳春三月，榴芽初吐，远望紫烟弥漫，近观若紫色珊瑚堆砌成山；五月，榴花开放，火红如炽；八月，硕果累累，石榴咧嘴露齿，笑对人间；深秋十月，榴叶如金，满山金黄，令人陶醉。附近有四季榴园，为AAAA级风景区。这里保存有明清时期的古石榴园七百多亩，古石榴树近千棵，最古老的石榴树树龄达400多年，依然开花结果，焕发着旺盛的生命活力。

生态福地

春来，漫山群芳争翠；秋来，遍野染金披红。安徽地貌多样，植被丰富，一年四季皆成景，各有风貌各有姿。

一花一世界，一叶一菩提。牯牛降古木参天，清凉峰是动植物宝库；丫山牡丹花海分天下春色，打鼓岭绿瀑飞溅、泉声如鼓……一座座山，宛若一座座“天然宝库”，记录着千百年的变迁，绽放着大自然的曼妙身姿。

一年四季堪成景，往来古今皆有情。在这里，花与草，树与叶，鸟与兽，人与物，相依相偎，生生不息……

39 清凉峰：野生动物的乐园

清凉峰档案：

清凉峰自然保护区位于绩溪县和歙县交界处，东与浙江清凉峰国家级自然保护区接壤，属我国皖南—浙西丘陵、山地生物多样性优先保护区域。

走徽杭古道，不可不过清凉峰。

古道幽深，在山石、林木、峭壁、悬崖间穿过，留下印迹，也存下风光和人们的愿景。胡雪岩等就是沿着这条古道走出去，书写了商界传奇。

清凉峰位于徽杭古道要冲，最高峰海拔1784.4米，为华东地区另一座高峰。因为它生态优美、物种丰富，皖、浙两省都为它设立了自然保护区。

清凉峰自然保护区内，层峦叠嶂，烟云喧腾，沟谷纵横，溪流欢跃。这里山深林密，造就了天然的屏障，因而人迹罕至，生态系统保存得极为完整。山体中上部的森林植被基本保持了自然原貌，被誉为华东地区的“天然植物园”和“野生动物的乐园”。这里保存有典型的中亚热带常绿阔叶林及标志性物种，从甜槠林、青冈、天竺桂、细叶香桂林到沼原草、野古草群落，以及植被垂直分布带和

夕照清凉峰

珍稀植物群落，都让科考人员赞叹不已。在这些茂密的丛林中，生活有国家重点保护野生动物 40 多种，包括梅花鹿、黑麂、云豹、金钱豹、白颈长尾雉等国家一级保护动物。

除了多样的物种、原始的生态，清凉峰风光的奇特早就引起旅游爱好者极大的关注和向往。尤其是夏天，不少人前来感受它旖旎的风光和清凉幽静的世界。目前已经开发的旅游区有云海、石海、林海、花海“四海奇观”和一条原始生态峡谷。其中，云浮千岛景区的云彩，五光十色，变幻无穷；云顶石林景区内，洞奇林险，溪瀑纵横；林海景区内古木参天，松涛万顷；天山花海景区山花烂漫，五彩缤纷。石林中的石芽、天生桥、溶沟、地下河等景观，千姿百态，让人流连忘返。

清凉峰适合静下心来慢慢感受。红豆杉、银缕梅、夏腊梅等奇花异木的低声呢喃，更衬托出山的静谧。仙人锯石、猿人上山、小姑背情郎、白云岩、仙人洞、龟蛇把关、狮象进门、天子池等山石景观，妙趣横生，仿佛在讲述着一个个故事和传说。

清凉峰的晚上，天空深邃，星月明澈。星子棱角分明，粒粒晶莹，仿佛触手可及，让久在城市的人们心生感动。

这是一个纯净的世界，白云如帛，山脉绵延。清凉峰是开展科考研究、科普宣传及生态旅游不可多得的宝地。

40 鹞落坪：生态避暑胜地

鹞落坪档案：

鹞落坪国家自然保护区位于岳西县，是旨在保护大别山区生物多样性、涵养淮河水源、实施可持续发展战略的示范性国家级自然保护区。它地处大别山主峰位置，生态资源丰厚，堪称“天然物种基因库”。

在一片青翠中，鹞落坪神秀安然。烟云在鹞落坪上袅袅娜娜，时而被飞鸟的翅膀扇动，幻化成诗意画境。

鹞落坪国家自然保护区位于岳西县包家乡境内，它用博大的胸怀保护着大别山区生物的多样性，并涵养着淮河水源。这里，海拔 1000 米以上的高峰有 60 多座，驮尖、多枝尖海拔超过 1750 米，为大别山区的高峰。林海、云海、雾海绕山奔腾，万千气象，在烟云里演绎着美丽和壮观。

鹞落坪云海

夏雨，冬雪，春秋雾。鹞落坪优美的自然环境，容载了岁月流逝。常绿阔叶林、落叶阔叶混交林、针叶林、竹林、灌丛……形成了绿色的世界，而在其中奔走的两栖动物、爬行动物，许多是国家重点保护的珍稀濒危物种。莽莽林海，珍禽异兽，溪潭飞瀑，在群山的庇护下，鹞落坪好像一个恬静的家园。

鹞落坪还有深厚的红色历史。红 25 军、28 军曾在此驻扎，牵制住国民党军 40 多个师的兵力。民族危亡之际，这里又成为抗击日军的游击区。鹞落坪飘荡着红色的旗帜，这红色成为林海、云海、雾海的一部分，和鹞落坪的烟云共生。

去鹞落坪，十里画廊大峡谷是必定要走的。沿着一条山林掩映的路，十里长廊充满山的情趣，林深茂密，不经意间，一株株大别山五针松、多枝杜鹃、香果就出现在面前。若是春天，杜鹃花开，红彤彤的颜色万山染遍。一条溪流静静地在谷底流过，两侧连绵的山势，起伏跌宕。

鹞落坪始终披着神秘的薄纱，原始森林和次生林传送着神秘的信息，“绿色宝库”“植物基因库”“天然动物园”“百草药园”“濒危动物避难所”，其中任何一种美誉，都足以让人对这里生出无穷想象。

都说鹞落坪过了半夏还是春，春在这里长了又长。也就是说，这里夏季也如春。蓊郁的春林太具诱惑力，引得众多野生动物在这里尽情嬉戏，人们也把这里当作避暑胜地，流连忘返。

41 打鼓岭：石径千回响

打鼓岭档案：

打鼓岭景区位于黟县美溪、宏潭、洪星三乡交界处，它是黄山山脉自东向西延伸的余脉，与棠棣岭、般溪岭、方家岭等同为新安江和青弋江的分水岭。主峰最高海拔1200米，名为“大佛堂”，山峦重叠，林木繁茂。

你可能玩过很多的山，但你见过会打鼓的山吗？黟县的打鼓岭风景区，是一个让你能听到山之脉搏的地方。

“打鼓岭”的地名由来有两种说法：一种说法是，此地山高谷狭，莽莽丛林间群峰叠起，一道瀑布在峭壁悬崖间飞珠溅玉，几番冲折，泻入深潭，訇然有声，水声几经山谷回响，像无数面锣鼓在敲打，因而这山叫打鼓岭。

打鼓岭瀑布

另一说法是在打鼓潭附近的古道上有一段石板路，当人负重一步一步往上走时，瀑布声中便清晰地传来或轻或重而且节奏感很强的鼓音。据说，以前上山拜菩萨的善男信女们行至此处，一律踩着鼓点三步一跪、五步一拜地上山，非常虔诚。

总之，这里鼓音传响，环境优美，有

瀑布群和大小不一的水潭。

打鼓三瀑，隐泻于狭谷之中，四季飞悬，经年不绝。一瀑好似少女粉脸上的一缕刘海，秀丽又拘谨，声若柳琴轻拨；二瀑恰如仙女甩袖，款款情深，声若箜篌慢捻；三瀑则若壮士悬鼓抡槌，豪情万丈，响若惊雷。

瀑下三潭，冬暖夏凉，各具风情：一潭明净微荡，最宜掬饮，亦可煮茗爽心；二潭幽柔深邃，最宜静观，任凭神思飞越；三潭清亮平阔，最宜畅游，抑或伴鼓放歌，山音袅袅。

打鼓岭村西山坳的密林深处，于万丈悬崖之上有一处形似巨蚌的大溶洞，能容纳上千人，这里曾是第二次国内革命战争时期的红军医院。1934 年秋，柯村暴动后，担任当地苏维埃政府主席的宁春生率领一部中国工农红军在打鼓岭驻扎，并以此为根据地从事革命活动。如今虽时过境迁，然而革命遗址依旧，当地的百姓谁也没有忘记这段属于打鼓岭的红色历史。

有人用“路村千回石径斜，溪流九曲几人家”来形容打鼓岭，是再贴切不过了。打鼓岭的人们正踩着铿锵鼓点，走向一条人与自然和谐发展的绿色康庄大道！

牯牛降：绿色自然博物馆

牯牛降档案：

牯牛降风景区位于石台县与祁门县交界处，与黄山、清凉峰同为安徽南部三大高山，距石台县城22千米，主峰海拔1727.6米，总面积为67平方千米。

牯牛降形如青牛，此青牛头伏石台，尾摆祁门，方圆67平方千米。

牯牛降主峰海拔高达1720余米。主峰、灵山、双龙谷、龙门、观音堂五大主要风景区，素来以雄、奇、险著称，诠释了山岳风光的要义，有“西黄山”的美誉。风景区内，峰峰有险要，岔岔多风光，显示出山岚之曼妙，烟云之氤氲。

主峰牯牛大岗似巨大的睡佛，以山为榻，斜仰于众峰之上。犁充、犁箭、犁尾、牛头，一统于牛脊，构成了主峰的灵动。凤凰松、鹦鹉石、飞来石、太白金星等，则在牛的腹脊之间安然小憩。

灵山神秘。西库、中库、东库，承载了太多的密语。库为坳、为山谷，用库来表述，无形中多了奇妙的感觉。奇峰村因传说而存在，劈了半个山峰而成平原、村落，无疑存续了高山田园风光、四时不同风景。

进入双龙谷，沿石板步道，走过长涧口、椅子圈、双河口，你的目光早被绮丽的风光吸引，厚重的人文历史则需要用心去品味。

严家古村、龙门潭、四叠飞瀑、鸳鸯潭、情人谷，都值得前去参观。与东汉隐士后裔对话，抚摸原生态的徽建筑，听白练直挂崖壁、峡谷幽幽回声。

观音堂是牯牛降的另一番天地，山林密

布，森林覆盖率极高。景就在古树参天里插缝而生，仙女潭、黄龙潭、大演坑、小演坑、仙人聚会等，隐约在大历山、小历山、骆驼峰、雪花尖诸峰中，雄、险、奇、幽，特色明显。时有山风吹来，飘来的是傩戏、目连戏、徽戏、黄梅戏的音调……

奇石、异松、神峰、绝雾、瀑水、佛光，在这里巧妙地糅合在了一起。石有来历，松有性格，峰有妙境，雾有情怀，水有胸襟，佛有灵性。在牯牛降，一块山石也能向你诉说一段故事。

善饮的李白曾在石台县流连，秋浦河让他流连忘返，在这里写下了著名诗篇《秋浦歌十七首》。可以断定，牯牛降一定非常吸引李白的目光，因为牯牛降散发着陈年佳酿的气息，它个性独具，浅啜一口，便会微醺。

在牯牛降，静是一种美丽的颜色，这色彩是绿色的。它的静来自青松、飞瀑、神峰、奇石、薄雾，甚至是一串串鸟鸣。

牯牛降又有一传说：老子骑青牛巡游传道，经牯牛降见一巨大鬿雀欺凌山水、吞噬生灵，青牛腾空而起，将此雀压在身下，日久青牛化作山石，是为牯牛降。《山水经》中对鬿雀有描述：“状如鸡而白首，鼠足而虎爪。”其以飞禽走兽、人等为食。

牯牛降古村落众多，其中历溪村在牯牛降山脚下，四周群山环抱，远离尘嚣。村中王姓为王壁后裔，于宋朝迁此定居，聚族而居。村中的古桥、古祠、古碑、古庙、古戏流传着许多古老而神秘的传说，这里有许多千年古樟、白果、红楠、香枫等珍稀名贵树木，为徽州保存下最好的古树林。

牯牛降的美丽与神奇，是说不完的。

43 九天仙寓：仙景仙境仙瀑

九天仙寓档案：

东至九天仙寓风景名胜区，以皖南大规模瀑布群而得名，野生动植物资源丰富，生长着娃娃鱼、麋鹿、云豹、猕猴等珍稀动植物，为国家AAAA级旅游景区。

九天仙寓风景区地处东至、石台、祁门三县交界处，属于黄山余脉，海拔1376米，为黄溢河、秋浦河、尧渡河发源地。

景区以皖南独具特色的瀑布群而得名。这里不仅有高达百米的单叠瀑布，还有数个多叠瀑布，水流四季不断。瀑布飞溅在崖上，触石腾空，流转飞洒，轻盈而柔美，娇媚而多姿。其中孔雀瀑布为进入景区的第一个瀑布，高18米，上窄下宽，形似孔雀开屏，潇潇洒洒，从峭壁上直飞而下。到了冬季，还有外冰内水

九天仙寓水景

的冰瀑奇观。

九天仙寓瀑布

“人间仙境，仙寓瑶池”，这话已经越来越响亮了。仙寓瑶池面积有2258平方米，犹如一颗晶莹剔透的翡翠，镶嵌在峰峦叠翠的仙寓山脚下。鸳鸯等野鸭在静静的湖面嬉戏，鹭鸶、候鸟贴着水面盘旋。

仙寓山景致众多，由此演绎的传说也很多。游客一面欣赏眼前景致，一面品味美丽传说，饶有趣味。比如紫龙潭，相传曾经是东海龙王九太子静心思过之处。它上承天庭之水，下通仙寓瑶池，清澈见底。这里古建筑也不少。卧龙桥传说建于明朝万历年间，为长形石拱桥，形似卧龙，头东尾西，栖息于两山之间，游浮在绿潭之上。雪花桥，建于明末清初，有300多年的历史，是通向徽州的官道。

仙寓山森林覆盖率高，密林和疏林的覆盖率达到90%以上。森林类型多种多样。古木参差，虬枝横空，藤蔓缠绕，落叶漫野，灌草丛生。一片片高耸的翠竹，更是层层叠翠，把绿色渲染得淋漓尽致。

仙山仙事、仙景仙境，九天仙寓等待着每一位向往者的到来！

44 仙寓山：富硒之地千峰秀

仙寓山档案：

仙寓山风景区位于石台县境内，主峰海拔 1376 米，是中国著名的富硒山区，为国家 AAAA 级旅游景区。

仙寓山，顾名思义，就是神仙寓所所在的山，即所谓神仙居住的地方。

走进仙寓山，能感受到山势陡峭，千峰竞秀。这里沟壑纵横，风光秀丽，它无疑是被称为“西黄山”的牯牛降大景区中风光独特的一处。

来龙山、沧溪亭、水帘洞、仙女浴池、龙山山顶，每一处景点都给人不一样的感受。

云雾仙寓大山村

苍翠欲滴的来龙山，似一条苍龙，盘踞于山脊。当地人说这是风水山，因此大家遵守着村规民约，不在山上动土，更不在山上动一根树木。因此这里古木参天，秀美妩媚。

被称为“龙脉”的山脊，景色奇美。山风大作时，树木发出的声音如惊涛骇浪，意欲卷起千堆雪。而山下的村子波澜不惊，静若处子。这一处风景，让前来的人们大呼过瘾。

仙寓山中有大山村，是有名的风景村，也是富硒村。硒是人体必需的微量元素。专家曾在此做土壤微量元素含量检测，发现大山村所在地的土壤含硒量竟比一般地区高 5 ~ 10 倍，为全国罕见。这里的绿茶“仙寓香芽”富含硒，清香扑鼻。

站在“一脚踏三县”的仙寓山顶峰，可观日出、看云海、望佛光，很有“一览众山小”的气势。仙寓山实在是人间仙境！

仙寓山文化遗存也很丰厚。这里是“戏曲鼻祖”“戏曲活化石”傩戏、坐唱的发祥地之一，还是目连戏、徽剧、黄梅戏、山歌、民歌的盛行地；既是名人故里和红色革命老区，也是佛教、道教圣地。

45 丫山：花海石林

丫山档案：

丫山花海石林旅游区位于南陵县何湾镇，地处铜陵、池州、芜湖三市交界处，是安徽"两山一湖"旅游经济圈的重要景点之一，拥有独特的自然景观和人文资源，国家AAAA旅游景区。

丫山花海石林景区，可以说是花的海洋石的岛。

关于丫山的地名来历，流传着一个美丽的传说：唐代地藏王路过芜湖丫山地区时，从云端看见这里山清水秀，便想下来看个究竟，却不料他下脚过猛，将山峰踩为两半。这个神话生动演绎了丫山山状如"丫"形的地理特征。

另有记载说，唐代大诗人李白曾寓居于此，写下了《南陵别儿童入京》一诗："白酒新熟山中归，黄鸡啄黍秋正肥。呼童烹鸡酌白酒，儿女嬉笑牵人衣。高歌取醉欲自慰，起舞落日争光辉……"读这些诗句，能感受到当时丫山一带民风

石林

的淳朴与生活的安乐。

当然，李白是一位非同寻常的诗人。“会稽愚妇轻买臣，余亦辞家西入秦。仰天大笑出门去，我辈岂是蓬蒿人？”离开南陵，他充满了壮志和豪情。此外，大诗人韦应物、戏曲家汤显祖、北宋宰相王安石等，也都曾在此留下踪迹。

这里有两大特色景观为人感慨称赞：一是牡丹花海，二是石林。丫山素有“牡丹之乡”的美称。“赏花何必去洛阳，国色天香丫山多。”当地居民祖祖辈辈种植牡丹，现景区内拥有三个牡丹观赏园，汇集世界各地的牡丹，品种繁多，有红、黄、紫、白、粉、蓝、黑、绿诸多花色，各色之间还有中间色。有些花朵奇大，花瓣层叠高耸多达百片；有些花龄长久，丫山牡丹王超过百年寿龄；还有些花色富于变化，甚是奇妙。每年四五月份，各色牡丹形成了争芳斗艳的花海奇景。

石林，国外称为针状喀斯特地貌，是指石灰岩在长期岩溶作用下形成的由众多大小粗细不一的石柱组成的地貌景观。芜湖的丫山石林虽没有云南石林的那份雄伟，然而它们在丫山这个神奇的地方生出了灵气，且种类众多，千姿百态，有的像动物狂欢、群龟望天，有的像百舸争流、枪林戟树，更有的像是孔明练兵场的灵石奇阵、石海迷宫，形成华东地区最完整的喀斯特地貌奇观。

丫山美食也堪称一绝 。竹鸡曾是这里的一道美味。这里的鸡因常年生活栖息于竹林中，全身羽毛翠绿光滑，犹如竹叶片片铺织而成。随着环保意识的增强，竹鸡现在多用来欣赏。无骨鱼是生长于南山寺的山溪泉谷暗流之中的一种鱼，它喜阴怕阳，喜动怕静，常成群嬉戏于泉流中，忽隐忽现。该鱼全身乌黑发亮，无一卡刺，捕来食之，其味鲜嫩无比，不但是宴中佳品，而且有特殊的药用价值。此外，还有桂圆樱桃、麻团、广善酥等特色美食，也值得一尝。

丫山斜对面的南山建了一座寺庙——南山寺。南山寺与九华山寺遥相呼应，有时清晨顺风之际，屏息静听，九华山的钟声能够遥遥入耳。

马仁奇峰：楠海栈道堪称奇

马仁奇峰档案：

马仁奇峰旅游景区位于长江南岸的铜陵、南陵、繁昌三县交界处，居皖南旅游带中部，文化底蕴深厚，以奇峰、奇壁、奇洞、奇屋、奇柱、奇林著称。

马仁奇峰，奇在俊美中。

奇峰生烟云，马仁奇峰就在氤氲的烟云里，隐约又神圣。马仁奇峰是国家级地质公园，不仅有江南山水的美妙，而且有独特的神奇——奇峰、奇壁、奇洞、奇屋、奇柱、奇林。奇标榜了一座山的特质。

马仁奇峰位于长江南岸铜陵、南陵、繁昌交界处，一江之水不舍昼夜，湍湍东流。峰有情怀，水有柔情。

马仁山山体南北走向，山脊线呈 W 型。风景区面积 7.12 平方千米，最高峰海拔 316 米。山虽不高，景却奇特。奇峰异石、嘉木修竹、珍禽益鸟、古寺名泉，是

俯瞰马仁奇峰

奇的要素，这要素又构筑了马仁山幽、险、秀、奇的特色景观。

南北走向的马仁山上名胜众多。马仁古寺建于唐贞观年间，以山命名寺，道出了山的厚重。人祖文化园，内设 48 平方米展厅，涉及远古文化、佛教文化、九字文化和福字文化等诸多文化内涵，展现了生命之源的生生不息。这里有一个非常巨大的香炉，被誉为“天下第一福鼎”，鼎高 9.9 米，炉身铸有 999 个福字。古寺木鱼声声，古树绿意婆娑，玲珑石景变幻莫测。奇峰、奇壁，无疑是马仁山神奇的骨架，而奇洞、奇屋、奇柱、奇林就是马仁奇峰的内涵了。有人评价说，马仁山既有黄山之瑰伟，也有武夷之秀逸，又有九华之层烟叠翠以及雁荡之丛石嶙峋，游人身在其中，流连忘返。

马仁奇峰景区是国家级森林公园，生态自然优美。这里有天然木本花卉数十种，森林覆盖率高达 95% 以上，以天然阔叶林为主。楠木林是马仁山奇林的代表。百年老楠木林，用 650 余亩的广大，展示着历史的年轮。游人置身楠木林，既可观赏它们的姿势各异、大小不一，又能呼吸富含负氧离子的空气，心旷神怡。尤其令人称奇的是，这里有一株楠木，其形态酷似黄山迎客松，手臂张开，热情大方地欢迎着八方来客。

连理树扎根岩石，是马仁山树的另一种代表。两棵“小老树”的根紧紧相连，扎在贫瘠的山岩上，相亲相爱，交葛缠绵。

三块巨石垒而为屋，高约30米，构建了马仁奇屋的妙意。是僧人的居所？还是仙家的住处？尽可想象。

马仁石柱以山峰的名义为人所知，高80余米，柱体光滑，上无遮隐，仅在顶部有几株老树，一柱擎天之势傲然凸显。而石柱下部是绿树苍苍，低矮的峰岩群而拱卫，将石柱映衬得更加挺拔有力。

马仁奇峰的玻璃栈道是一条透明的路，它悬挂在马仁山主峰太阳山的悬崖峭壁上，长200米，最大垂直高度180米，宛转周折，如同一条巨龙盘桓在峭壁之上。站在其上，八面来光，峰峦叠嶂，神工鬼斧，峰回路转，尽收眼底。林木拥翠，万花欢呼，如云擦过。绝壁天梯，层层险、步步高，是马仁奇峰又一新奇之处。

和马仁奇峰亲密接触，只觉山的灵性汩汩而来。丛林穿越、破雾漂流、滑道飞掣……抑或找一条山道和奇松怪石、小草异卉对话，大自然的美妙在这里会呈现得更加真实而丰富。

17 大龙山：潺潺溪流荡千壑

大龙山档案：

大龙山位于安庆市北郊。整个风景区由大龙山和石塘湖两部分组成，总面积约 132 平方千米，有乌龙溪、灵山石树等景点。

大龙山横跨安庆市郊和怀宁、桐城，为城郭之天然画屏。它呈南北走向，绵亘起伏、层峦叠嶂、如龙蜿蜒，因而得名大龙山。

大龙山四面环水，东依石塘湖，南临长江，西饮石门湖，北靠菜子湖。山上多峰壑、洞谷、溪流、古迹，还有乌龙溪、白龙溪、黄龙溪、赤龙溪四大溪流和六条瀑布。

乌龙溪位于大龙山国家森林公园东南部，为国家 AAAA 级景区。区域内有乌龙溪、幽龙溪和卧龙溪三大溪流，同时有圆照古寺、百年古树、奇石、石刻等景观，历史、人文古迹众多，素有“峰雄、洞迷、谷幽、石奇、木秀、水灵”之称。

这里林木茂密，物种繁多，各种树木混在一起，层叠交织。随着春、夏、秋、冬寒暑季节的交替演变，呈现出一幅幅绚丽多彩的画卷。

景区内分布着大量丰富而奇特的石景观和幽洞，秀峰叠峙，丘壑殊甚；有求子石、太公洞、观音洞、石溪听泉、鹰愁崖等景点，还有唐代书法家颜真卿、宋代诗人黄庭坚写下的“龙”字。

沿乌龙溪上行，有号称“龙山第一刹”的圆照寺，是大龙山七大景区之一。这里森林茂密、雄峰险峻、奇石峥嵘，有清书法家马香谷的“龙山第一刹”楷书等摩崖石刻。据寺中《清代重修碑记》记载：“龙岫烟云之中，天开圆照禅林，非同凡境也，此庵建于唐，历五代及宋元明至本朝，香烟不绝。”其有庙宇三幢，并有一塔，名为无量塔。只是岁月沧桑，古寺古塔已不幸毁于兵燹。

现在的圆照寺于 1994 年重修，已成为丛林式禅净双修道场。如今，圆照寺上下两院，琼楼飞檐，气势恢弘，香火鼎盛，威严庄重，重现当年辉煌。

寺前有两棵400余年的银杏树，左雄右雌，树围3米有余，高数十丈，挺拔高耸，树冠如云，堪称“龙山一宝”。

乌溪贯穿大山而流，两岸遍布巨型花岗石，形成各式各样的洞穴，较大的有12个。岩石奇幻怪巧，人们或象形或意会，而取名“金兔戏水”“晴云霹雳”等。

这里有28潭，潭潭有奇景。最具特色的是珍珠潭，上静下喧，飞珠溅玉。溪流上游有一瀑布，落差为15米，飞流直下，惊魂动魄。

龙山有很多泉眼，最著名的是龙泉，又称龙湫，泉深无底，传说直通长江。龙湫，相传是龙王巡游人间的沐浴处。泉四周石壁峭立，高五六仞，石罅中长有秀竹古松；泉北有高峰耸立，涌泉、飞瀑出自其间，终年奔流不息。

在山中悬崖上，有明司礼黄熙缵所书“忘归”二字。观古人题词石刻，环视

雪中大龙山

大龙山中的怪石

四野佳色，怀古之情油然而生，真有乐而忘归之心。

灵山石树景区也是大龙山七个景区之一，以石奇、洞幽、水秀为特色。所谓石树，是山体如一棵参天大树耸立于谷内，树干树枝均由巨型球状花岗岩叠垒而成，从根部到树冠，有近百个洞室相连，是探险觅奇的好去处。

大龙山下有石塘湖、破罡湖、菜子湖、石门湖，如四块明镜嵌镶于大地之上，不远处，长江滚滚东去，合在一起，组成一幅绝美的湖光山色图。

㊽ 巨石山：海誓山盟石为证

巨石山档案：

巨石山位于安庆市宜秀区罗岭镇，长江北岸的菜子湖畔，总面积43平方千米，因地球亿万年来各种内、外应力作用形成特殊形态的巨石地质景观而得名。

安庆市宜秀区罗岭一带，是一个神奇的地方。这里“五里三进士，隔河两状元”，明清时期出了刘若宰、龙汝言两位状元和姚孙棐、龙鲤门、许鲤跃三位进士，还是杰出书法篆刻家邓石如、“两弹元勋”邓稼先、黄梅戏表演艺术家严凤英的故乡。

这里还有风景名胜区巨石山。它原名小龙山，与大龙山相对，因为巨石奇特而更名，素以奇峰、秀谷、神石、幽洞、花海“五绝”闻名于世。

景区山环水绕，生态资源丰富。竹林似海，松风如涛，枫叶胜火，更有漫山遍野的野生白玉兰，这在华东地区绝无仅有，全国亦属罕见。此地还有龙头峰、神猿问天、织女峰、天上人间、罗汉峰、蓬莱三山、鲤跃龙门、潜龙洞天、风动石、威龙洞等景点。

在这些景点中，大多数都有美丽的传说。比如，海枯石烂为巨石山著名景点，位于织女峰上。传说在很久以前有一对非常恩爱的夫妻，因遭到妻子家人反对而被迫分开，丈夫和孩子日夜盼望妻子归来，久而久之变成了一座石山，而妻子也因悲痛欲绝化成了丈夫身边的一汪湖水。而神猿问天也和牛郎织女的故事有关，王母娘娘率领天兵天将捉拿织女，山中百兽纷纷赶来营救。一只灵猿攀崖越涧，第一个跑上山顶拽住织女。但王母娘娘反掌一劈，将它击杀，它的背部留下了王母娘娘鲜红的指印。此外，薰衣草庄园、龙头晓日、碧莲鹊桥等景点也都美丽迷人，神话色彩浓郁。

这些传说都与美丽的爱情有关，所以巨石山深受年轻情侣的喜爱。他们来到巨石山，行走玻璃栈道，订下海誓山盟，希望永远在一起。

巨石山最高峰龙头峰海拔 520 米，景区原始生态保存良好，负氧离子含量极高，是难得的天然氧吧。站在峰顶，极目四周，无边胜景入眼来，自然是心旷神怡，豪情满怀。

49 妙道山：天下禅意汇一山

妙道山档案：

妙道山国家森林公园位于岳西县西南部，距离县城40千米，在茅山、店前、河图三乡镇交界处。这里森林覆盖率高达98%，面积为752公顷，主峰海拔1465米。

如果说游泰山如撞山之洪钟，拜九华武当是听佛道大吕，那访岳西的妙道山无疑就是听一曲朴实婉转的山间小调。像是从九华众佛汇聚的法会上，或是从武当众仙齐集的仙宴中离开，找到一处幽静的小景，有一个得道的仙佛在和你面对面谈禅说法。

这里地处大别山深处，有奇松怪石，千姿百态。山风起时，松涛阵阵，沙沙作响，发出天籁之音。风和日丽时，又泉瀑淙淙，林海葱茏，云海涌动，让人心旷神怡。这里既有鬼斧神工的自然奇观，也有源远流长的人文风景。苍松参天，鸟音悠悠，气象万千，是观光度假的理想天堂，也是消夏避暑的好去处。

整个风景区包括妙道山、鸭嘴石、黄柏山组成的环形山脉，层峦叠嶂，山环水绕，格局天成。景区分为聚云峰、祖师峰、紫柳园、南溪源、小河南五大景区。著名景观有妙笔生花、千年紫柳园、玉兔望月、百兽谷、石狮哮月、孤塔凌霄、结义松、孔雀开屏等。黄柏山景区正在开发中，欲建成登山基地。

史料记载，晚唐有一高僧，法号义玄，来妙道山结庐修行，传道讲经，时人尊为临济祖师。因临济祖师禅术高妙，弟子及信士称他“妙光善道”，故山得名“妙道山”。这里还有香妃谷，相传宋仁宗时期才女香妃曾在此隐居。

还有一说法是，北宋仁宗时，有位国舅来妙道山修佛论道，自称“李三道人”。仁宗为他建了金璧寺，赐“金璧禅林”匾额。

妙道山最重要的景点就是拜佛台。这里是游人能够登上的山的最高点，海拔高度为1460米。站在这里，险峻的正顶已近在咫尺，却又险不可攀。前方却有

一个奇观：天生石佛。即一块惟妙惟肖的石佛般的大石禅定山尖，雨后初晴时，经常会有彩虹罩在大佛的头顶上。

妙道山国家森林公园有1300株千年紫柳，极为罕见，有“中华一绝”之誉；有国家重点保护动物12种，包括金钱豹、娃娃鱼、豹猫、原麝等。这里气候温凉湿润，年平均气温14.2℃，不仅适宜各种动植物生长繁衍，也非常适合人们来此疗养或颐养天年。

50 凤凰山：牡丹开时争春色

凤凰山档案：

凤凰山位于铜陵县顺安镇南部，山形似凤凰，故而得名。它主要由横山、灵凤山、潭山、面山、金山等构成，为国家AAAA级风景区。

凤凰山景区内山清水秀，风景如画。明朝诗人周铎曾作“庐外山高插半天，石边孤井聚甘泉。凤凰一饮千年后，尚有遗迹万古传”等十六首诗赞美它。

凤凰山上，山峦起伏，怪石嶙峋，危岩欲倾，绿树丛生，藤牵蔓绕。大大小小的石窟镶嵌其间，其中最大的一座石窟入口狭窄，仅容一人进出，洞体斗折而上，洞深约20米，潮湿幽暗，探游其间，别有一番探幽揽胜的情趣。

许多人来这里，要看 “相思树”。此树是枫杨树，原为两棵，分别植于小河的两岸，两树干在河面上凌空连成一体，故名“相思树”，距今已有近400年历史，小河也因树得名“相思河”。它还有个缠绵悱恻的故事：河东的周公子与河西的姚小姐自幼同窗共读，青梅竹马，两小无猜。后周家败落，周公子虽学识渊博，但因贫穷而落第，惨死在路旁。姚小姐悲痛欲绝，殉死于周公子身旁。未成婚的周公子、姚小姐被分棺安葬于相思河两岸。年长日久，其坟上各生长出一株枫杨树，渐渐长成一体。

凤凰山是驰名中外的“凤丹之乡”，也是观赏牡丹花的胜地。每当阳春三月，漫

凤凰山牡丹景区

凤凰山牡丹园

山遍野的牡丹花争奇斗艳，游人纷至沓来，驻足流连。凤凰山牡丹禀性特异，别具风姿。花为单瓣，大多色呈玉白色，或间有粉红，与洛阳牡丹、菏泽牡丹齐名，为国内三大名贵牡丹之一，素有“三分天下春色”之誉。游赏牡丹园时，人仿佛在画中走，情融芬芳中。

凤凰山滴水崖东100米处，耸立一奇石，石高数米，状如立笋。石顶方圆约尺许，上有四道凹痕，长短不一，深浅有差，形如凤爪，这就是闻名遐迩的凤凰落脚石。形象生动的凤凰落脚石，加之应有尽有的金、银、铜、铁、硫矿和各种奇石，让当地老百姓深信 “凤凰不落无宝之地”的古语。

景区内农家菜也很有特色，如丹皮炒鸡蛋、香薰野河鱼以及很多其他野菜佳肴等。而且，此处空气清新，流水潺潺，鸟语花香。“凤凰山上凤凰游”，来做一次“凤凰之旅”吧！

51 赭山：城中之山看江流

赭山档案：

赭山公园地处芜湖市中心，土石殷红，故名。赭山由大小两个山头构成，面积 0.4787 平方千米，海拔 84.5 米，占地 540 亩。登顶远眺，芜湖市景一览无余。

赭山是城中之山。车水马龙、高楼鳞次栉比之中，突然耸起一座绿山，让人眼前为之一亮。

清朝胡应翰在《一览亭记》中记述："邑北诸山……则莫如赭阜为雄。山迤北益高，陡其巅则大江在襟带，而遥睇诸山，皆罗列如儿孙。"赭山因山势较高，风景优美，是登高远眺，俯视江城的佳处。

赭山的由来同样来自一个传说。相传，战国时期，楚国铸剑大师干将曾在赭山旁边的赤铸山锻制宝剑，那炼剑时的熊熊炉火，竟把赭山的土石都烤红了，成

依托赭山而建的赭山公园

为赭色。人们说，至今山上还遍地殷红的石头和泥土。有的石头竟红得像玛瑙一般，光彩夺目。

赭山有“四时不谢之花，终年常青之树”之称，自古以来，就以独特的风姿吸引着众多游人。宋代黄庭坚、林逋、张孝祥、郭祥正，元代欧阳玄，清代宋琬、邓世杰、黄钺、萧云从、汤燕生等诸多文人名士，都登临过赭山，留下了许多脍炙人口的诗文，有的还长期寓居在此。赭山西南麓的滴翠轩，曾经是宋代大诗人、书法家黄庭坚寓居读书的地方。他在《赭山》一诗中写道：“读书在赤铸，风雪迷青萝。汲绠愁冰断，村醅怯路蹉。玉峰凝万象，绿萼绕群螺。古剑摩空宇，寒光启太阿。”

清顺治年间浙江按察使宋琬写下《立春日游赭山》一诗：“杖策寒初减，登山望更清。大江烟波动，春鸟渚边鸣。日带孤帆去，云连古塔平。浮生车马误，到此愧钟声。”绘声绘色，使人读之如临其境。

赭山公园里有两尊塑像十分引人注目。一尊是毛泽东全身像，1965 年由芜湖造船厂铸造，现放置于小赭山南麓；另一尊是屈原身挂佩剑的全身塑像，安置在公园樱花山上。相传屈原生前曾到过芜湖，被芜湖美景吸引驻足，流连忘返。

这里古迹遗存很多。广济寺，位于赭山西南山腰处，始建于唐玄宗开元年间，是全国重点寺庙；一览亭，位于赭山之巅，始建于宋代。登临其上，江城秀色尽收眼底，近处遍山草木苍翠葱茏，壑幽谷绿，花繁鸟鸣；极目远眺，长河似带，镜湖如镜，江上舟船来往，笛声悠扬，让人神往。相传清朝乾隆皇帝也曾来此游览美景。

今天的赭山开发了叠泉、石舫、古藤绕双龟等景点，新建多处亭阁，增添了神秘座椅、飞跨彩虹、遨游太空等大型游乐设施， 面貌焕然一新。

52 万佛山：林海万顷峰如佛

万佛山档案：

万佛山景区位于舒城西南，距合肥 140 千米，距舒城万佛湖景区 60 千米，总面积 50 平方千米，林海葱茏，生态优美。

万佛山名字很响亮。它因山高、峰险、松奇、石怪、瀑多、洞幽、林深、佛久而著称。

主峰老佛顶，似弥勒大佛面向西南盘座，气势宏伟，群峰拱卫四周，形成诸佛拜祖的景观。山上有诸佛寺，有石匾曰“万佛名山”，因而得名。

风景区内分清凉涧、飞龙潭、老佛顶三大区域，有老佛顶、天门峰、双剑峰、神驼峰、美女峰、丹顶峰、四方尖、三天门等景点，神形兼备，栩栩如生。

秀水深潭，飞瀑流泉，是万佛山的又一特色。山因水而活，水因山更幽。万佛山的山体下部为断岩峭壁，水流至此，常变成巨大瀑布倾泻而下。景区内有瀑布十多处，著名的有莲子瀑、天河瀑、香果树瀑、二叠瀑、龙尾瀑、逍遥瀑、V字瀑、徐大坪瀑等，其落差均在 60 米左右，飞流而下，气势磅礴，雾气蒸腾。

万佛山的历史文化底蕴厚重。相传汉武帝天柱封禅，北望老佛顶，为其动容，欲亲自驾凌，后来终因道路险阻而望峰兴叹。同时此地也是兵家相争的战略要地。三国时陆逊与曹休间的硖石之战，在此上演。还有一传说，新罗国王子金乔觉去九华山之前，曾在此修炼，现仍留有“乔觉洞”。被誉为北宋第一大画家的李公麟晚年曾在此写生作画，山上还留有公麟亭、公麟画台。另外，还有黄山谷小坐处的谷子口等遗存和传说。

万佛山物产资源丰富。这里有国家重点保护动植物：领春木、兰果树、香果树、天目木姜子、银鹊树以及被称为“活化石”的银缕梅、穿山甲、金钱豹、香獐、娃娃鱼等，构成了一个天然的动植物园。深秋季节，“山里红”红枫林会将

万佛山

整座山染红。

到驼岭的一路上，山中会传来奇怪的“咚咚”声，如同战鼓的“咚咚”声。侧耳细听，似乎又听不见。过一会，从山的另一处隐约传来“咕咕”声，像是鸟叫，神秘莫测。史料记载，三国时魏曹休与东吴大将陆逊，激战于万佛山的石亭与骆驼石一带，后曹军败退，于此处丢弃战鼓。如今游客到此，伴随着登山的脚步，地面发出如同战鼓的“咚咚”之声，仿佛千军万马在此厮杀，所以取名“咚咚岭”。

万佛山是理想的疗养避暑胜地。盛夏时分，山外烈日炎炎，山里凉爽宜人，碧涛万顷的森林是天然的氧吧，置身其中，可享美妙的森林浴。

53 铜锣寨：野滋野味野风情

铜锣寨档案：

铜锣寨是国家AAAA级旅游景区，位于霍山县西南部上土市镇，地处大别山腹地，距县城近70千米。风景区总面积90余平方千米，主峰海拔1096米。

铜锣寨，让人只闻其名便想到寨如铜锣，心生向往、探究之情。

铜锣寨风景名胜区位于大别山腹地的霍山县上土市镇。风景区面积90余平方千米，主峰海拔1000多米。相传，公元前122年，汉武帝南巡至此，梦见一轮明月化作铜锣落于山顶，故得此山名。

铜锣寨先有“铜锣”，后才有“寨”。寨始建于兵荒马乱的明代末年。《霍山县志》记载：“铜锣寨自白云尖蜿蜒而来，一峰耸峙，下有松尖谒驾崖。明末张献忠入寇，居人避其上，贼至鸣锣号召，去，秉耒出耕，故以铜锣名。”清咸

铜锣寨景区大门

丰年间，居民仍避兵乱于其上。今寨址无存，仅在山顶发现三个石臼，及插在一块岩石上的铁刀一把，一半露外，一半没在石缝中。

铜锣寨山顶有四个小山峰连成山脊，状若鲫鱼脊背，可谓“一夫当关，万夫莫开”，仅一条羊肠小道绕来绕去直至山顶，其余皆悬崖绝壁，无处可攀。山上景色独特。松在石上生，石在云中没，移步换景，风光无限，美不胜收。山上多松树，松以“古、直、异”著称，或直或曲，直则如竹，曲若游龙。奇松甚多，有石托松、钉石松，还有连理松、六君子松，游人看后连声叫绝。

铜锣寨四季分明，气候温和，雨量充沛，光、热、水资源丰富，生出许多天然美景。早晨红日东升，站在寨顶朝西看，只见自己的高大身影和七彩光环交织在一起，投射到对面山峦上，形成神秘的“铜锣佛光”，堪称人间奇观。春天，杜鹃花开，漫山遍野，火红一片；夏天，绿树成荫，苍翠欲滴；秋天，满山红叶，野果飘香；冬天，银装素裹，冰雕玉砌。一年四季皆有盛景，把铜锣寨装扮得五彩缤纷，灿若锦绣。

有山必有水，水在铜锣大峡谷，也叫马槽河峡谷。它位于铜锣寨后寨，谷长约 7 千米，一路走去，九曲十八弯。峡谷里，断崖如削，幽潭深不见底，飞瀑似从天上来。谷中古木参天，藤蔓缠绕，兽走林间，鸟鸣枝头。行人走在大峡谷里，不知岁在何时、身在何处。

马槽峡溪水是沁凉的山泉水。铜锣寨山下的陡沙河却有滚烫的温泉，水温可达60℃，水源丰沛，四季常流。铜锣湖是大山里少有的一泓湖水，水面光滑如镜、静若处子，被誉为“铜锣西子”。西子是美人，也是美水。远在铜锣寨中的“西子”，令人想到杭州西湖和苏东坡那句诗：“欲把西湖比西子，淡妆浓抹总相宜。”山中的“铜锣西子”，同样美得令人心醉。

到了铜锣寨，不能不去南天门。南天门位于铜锣寨风景区赏石峰南边的游道上，看似人工建造，实属大自然杰作，由自然之力将巨石垒成，可谓鬼斧神工。其形若南天之门，门高 3 米，宽 1 米多。更神奇的是，由上往下看，是一个简写的“门”字，那一点旁的石缝里，居然生长着一红一紫两棵杜鹃，每到春天，杜鹃花怒放，起到了装点门面的作用，使南天门俨然成为一扇鲜花之门。

除却南天门，还有一处天然石景值得一看。那便是“金龟沐阳”，位于铜锣

寨赏石峰下东侧的石阶旁。岩石平台上，有一块天然的椭圆形褐色巨石，远看像只乌龟。巨石向东部位又恰巧有三个细长的前伸部分，酷似乌龟头和两爪，巨石表面生有许多纹路，形同龟甲，整个石景远望就像一只巨龟趴在平台上悠闲舒适地晒着太阳，故名“金龟沐阳”。

最具魅力的石景，当数铜锣寨迷宫。它位于铜锣寨东南坡，迷宫外围，垒叠着大量灰白色巨石，与绿树红花相互映衬，自成一景。

山石在坡底堆垒，形成近百个洞穴。巨石自然构架，形成洞穴，洞洞相连，曲径通幽。石洞大的如厅堂，可容数十人聚会；小的若摇篮，仅可供一婴儿仰躺。洞内石头，有的似狗，有的如牛，有的若蛙……形态各异，妙趣横生。

月落山顶成铜锣。山民拾锣便敲，锣声在山谷里回响百年、千年……

54 紫蓬山：数万白鹭栖息地

紫蓬山档案：

紫蓬山景区被称为“合肥市紫蓬山国家森林公园”，为国家AAAA级旅游景区。景区森林面积35平方千米，各种植物470种，栖息鸟类120多种，尤其是鹭鸟最多。

对于久居城市的人来说，往往会因城市的喧嚣而渴望一份宁静，向往亲近自然。合肥西南方的紫蓬山，就是这样一个好地方。它距离市区约20千米，有森林绿廊与市区相通。

紫蓬山，寓意紫气东来。山门上有一匾额，上书“庐阳第一名山”。山门上有三副楹联，中间一联的上联是：紫气东来丛林千古毓锦绣；下联为：蓬山西去大众十方仰福缘。上下联首字正好嵌成“紫蓬”二字。

整个景区分为佛园、李陵山、大雁湖、白云寺、大堰湾等主要景点。游客一进景区，就能看到三座大佛像，依山崖雕塑而成的这三尊大佛是“三世佛”，高

紫蓬山上坐看云海

25 米，分别代表中、东、西三方世界中的佛。他们也被列为合肥地区最大的露天佛像——横三世佛。中间的那尊是中方娑婆世界的释迦牟尼佛，又被称为如来佛祖。左边的那尊是西方极乐世界的阿弥陀佛，右边的那尊是东方净琉璃世界的药师佛，又被称为大医王佛。

紫蓬山整个景区以李陵山为主体，托起并串联起了各个景点。李陵山主峰海拔 188.7 米，顶部平坦，面积有 2000 多平方米，上有始建于三国时期的李陵庙、唐朝古刹西庐寺。这里有棵被称为“活化石”的古银杏树值得一看，高 10 多米，已有 500 多年历史，每年夏季它都会为西庐寺戴上巍峨翠冠。

在千年古刹西庐寺东侧山道旁有孔雀松，仿佛孔雀展翅高飞，已经成为紫蓬山标志。

白云寺，原名青龙寺，附近有古墓遗址，相传是西汉樊哙墓。相传，苏东坡遭贬谪时曾来此避难，并在此留下一方长一尺二寸、宽七寸的巨型砚台。乾隆皇帝下江南时，为寻访苏东坡遗迹，曾到此拜谒这块巨型砚台，并改“青龙寺”寺名为“白云寺”。

看山、看寺，也要看水。绿树中有片湖水，叫“仙人湖”，俏丽沉静，风情多姿。

紫蓬山森林公园包括紫蓬山、圆通山、大潜山，汇聚了台湾首任巡抚刘铭传故居——刘老圩，淮军名将张树声、周盛波、唐殿魁的故居——张老圩、周老圩、唐老圩等名胜。这也是肥西独特的圩堡文化。

紫蓬山是离合肥最近的大型国家森林公园，森林非常茂密，以松、栎、杉混交林为主，另有大面积的竹林、红枫、黄连木林。百年以上的松树、栎树有 1000 多棵，吸引了 120 多种鸟类，尤以鹭鸟最多，多栖息在圆通山。当它们在枝头飞翔时，便呈现“数万白鹭身姿美”的景象。

紫蓬山的运动项目也吸引了不少游客。这里拥有单圈山地自行车赛道和一条环湖自行车赛道，是全国锦标赛、全国冠军赛等国内山地自行车比赛的首选之地。

怪石、奇树、碧水、珍禽为紫蓬山的主要特色，加之星罗棋布的河、湖、塘、泉等细节景点，让你随处都能感觉到“人在画图中”。

55 上窑山：古寿州窑发源地

上窑山档案：

上窑山位于淮河南岸，横贯三县（怀远县、凤阳县、定远县）一市，背连荆山，面临高塘湖，尾北而首南。上窑景区现有新四军纪念林、陈列馆、山顶观音像、太平塔及书院、振风塔等景点，是国家森林公园、国家 AAAA 旅游景区。

上窑山距淮南市中心约 15 千米，北部与怀远县毗邻，东部与凤阳县接壤，南部与定远县隔湖相望，游客可登山眺望皖北重镇蚌埠市。

上窑山风景区分为洞山怀景区、树木园景区、石棚景区和香山景区。其中洞山怀景区为核心景区，是自然景观与人文景观最为集中之地。这里四面环山，层峦叠嶂，林木葱翠，泉潭密布，溪水潺流。景区内有放生池、水榭长廊、响水泉、石下泉、螃蟹泉等美丽的水景，它们与周边青山交相辉映，美不胜收。

上窑山的林木郁郁葱葱，遮天蔽日。远望，满目青山；近看，绿色海洋。漫步于林间小道，藤萝横攀，山花烂漫，梅菊斗艳，青竹摇曳，芳草如茵。山里生长着丰富的动植物，有银杏、水杉、金钱松、鹅掌楸等国家重点保护植物，又有白鹳、黑鹳、鸳鸯等国家保护动物。

与上窑山相依的是碧波万顷的高塘湖。若登山眺望，可见烟波浩渺，绿树银台，霞雾氤氲，还有湖心岛、湖心亭等景观尽收眼底。当你乘着水上乐园的摩托快艇在湖面驰骋，或登上舟船惬意地驶向白浪翻滚的湖心时，会觉得如身处梦幻仙境，既惊险浪漫又时尚刺激。

新四军纪念林位于上窑森林公园花果山上，是一处红色教育基地。 纪念林以林为体，以碑为魂，有兵器广场、思源茶馆、思源书院、铁军阁等景点，为全国独特的新四军文化体验基地。周围已建成淮化苑、人才林、学子林、夕阳林等十多个纪念林，形成了“千亩园林”的景观。

洞山寺原名大圣庙，建于明朝弘治年间，抗战时期，毁于日寇战火。现在新

雪中的上窑森林公园

建了楼、台、亭、阁，修整了奇峰障日、银杏参云、峭壁摩天等洞山寺八景，修复了观音大殿等建筑，平日里游人络绎不绝。

上窑山还是中国唐代六大瓷都之一的古寿州窑遗址。寿州窑俗称“缸窑”，盛产陶缸，素有“金缸”“子孙缸”之美誉。这里的“寿州窑遗址”为全国重点文物保护单位。由于上窑山蕴藏着得天独厚的陶土，因此成就了古寿州窑。

如果喜欢寿州窑，不妨去八公山区的双遗文化园看看，这里是以“寿州窑”制作技艺的传承研究、创新发展、收藏展示为核心内容的人文景观。园区内有寿州窑体验陈列馆、紫金砚和寿州窑瓷加工生产基地、非遗传习基地等参观项目，为国家AAAA级旅游景区。这座透着古朴之风的建筑，是用古时的砖瓦材料建设的古寿州窑址，里面存放着省级寿州窑非遗技艺传承代表人沈德亮潜心研究制作的仿古器皿，古朴、厚实，令人赞叹不已。

上窑山是生态山，也是座历史文化名山。传说，战国时辞赋家宋玉与楚襄王来到“上天台”写下了《高唐赋》。还有人说，明朝开国皇帝朱元璋幼年也来过“牵牛巷”。上窑山景点多，故事多，文化多，令人回味无穷。

56 东石笋：云拥一孤峰

东石笋档案：

东石笋风景区位于六安市金安区毛坦厂镇境内，国家AAAA级风景区，与万佛湖、大华山、南岳山、天堂寨等景区一起，处于皖西旅游的黄金线上。

竹笋是很多人喜食的一种山味，清香四溢。如果既能吃到这种山间美味，又能看到大石头形成的石笋，那可是既满足了口福，又饱了眼福。东石笋景区就是这样一个旅游佳地。

东石笋景区位于六安毛坦厂镇。相传，上古时，司法鼻祖皋陶所属的部落就曾在此活动。西周时，毛坦厂镇曾是古六国伯爵级贵族的封地，当年周天子巡游天下，就曾到过离毛坦厂不远处的钓鱼台一带。春秋战国时期的名人孙膑、伍子胥等，都曾在毛坦厂留有踪迹。

景区内山水相映，最高峰海拔760多米，风景秀丽，环境清幽，奇花异草遍地，奇峰怪石林立。这里亭、廊、水榭、寺庙和徽派建筑融为一体，更因为水碧、景美，被人们赞为“安徽的九寨沟”。

景区内群山突兀，溪流环绕，有一巨石为柱，拔地而起，直逼蓝天，高约70米，鬼斧神工，十分奇特。它是由直立状两组断层在此交会，再经崩塌作用形成的残山。石笋脚下有溪流环绕，流水穿插于乱石之中，形成瀑布、深潭。清乾隆年间《六安州志》对此亦有记载。石笋，因形似笋又矗立于日光东升的地方而得名，为园区的代表性景观，人称“中华第一石笋”。清代诗人闻行之曾赋诗:“乱石水深急，鸟轻天地空。平原树尽处，云拥一孤峰。”

东石笋风景区山如碧螺，峰若青剑。山峦重叠，林木繁茂，涧流飞泻；空气湿润，土壤肥厚，植物资源颇丰。村庄散落于山坞谷边，黄发垂髫并怡然自乐。此地还以出产茶叶、香菇、木耳以及各种优质杂木而闻名。

石如竹笋，碧空独秀

古神茶树、庆云寺、大莲台、神乳峰、阳泉三潭、瑶池、金龟窥池、玉观音、观音潭，各有神态，各有故事，每一处都让人回味无穷。

东石笋风景区为汉、回民族杂居地。在长期的生活融合中，当地人们形成了一些独特的民俗风情，如放河灯、送神灯、挂红灯、烧架香、抛彩球、秧歌、挣红、门歌、胃子头、放牛、排歌、灯歌、五花彩灯等。这些独特的民俗风情有益于举办民俗文化节，开展民俗游。

57 皇藏峪：皇帝藏身故事多

皇藏峪档案：

皇藏峪原名黄桑峪。位于今萧县城区东南30千米，是中国历史文化遗产、中国最大古树群落、AAAA级旅游风景区、国家级森林公园。

皇藏峪，民间说是皇帝藏身的山谷。

从萧县县城出发，向东南行进30千米便到了皇藏峪。在平畴千里的淮北大地，有此山峰幽谷，实属难得。从前，峪内多生黄桑树，故原名黄桑峪。汉高祖刘邦称帝前曾因躲避追捕而藏身于此，后改名皇藏峪。据《汉书·地理志》记载：汉高祖微时常隐于芒、砀山间，即此山有皇藏峪，为汉高祖避难处。

皇藏峪为山东古老丘陵的延伸部分，山脉大致呈南北走向，最高峰海拔374米。这里有阔叶原始森林，动植物种类繁多。皇藏峪是一座风光秀美的国家级森林公园，由瑞云寺景区、天门寺景区、樱桃沟景区、竹林寺景区和倒流河遗址区组成。山、水、泉、涧各有特色，浑然一体，相映成趣，有“幽谷圣地”“淮海佳境”的美誉。

人到皇藏峪，必访皇藏洞。传说，刘邦兵败彭城，带残兵败将10余人逃到此处，前有绝壁，后有追兵，刘邦进退维谷，仰天长叹：“天亡我也！”环顾四周，见一峭壁上开出一洞，刘邦慌忙带领残兵攀入洞中。可他担心追兵也进来，恰在此时一块巨石从天而降，不偏不倚，正好挡住洞口。随即又来了好几只蜘蛛，往来穿梭，将洞口缝隙结网封住。追兵一看巨石封口，还有未破的蜘蛛网，便走了。

拔剑泉也是有故事的。项羽率兵伐齐，久攻不下，刘邦借机率军背后偷袭项羽老巢彭城（徐州）。项羽转身耍了个回马枪，杀得刘邦人仰马翻。刘邦率残兵败将逃命到此，饥渴难当，忽见石开泉涌，战马畅饮解渴，这泉后来便叫马扒泉。刘邦放不下王者身架，不愿人畜同饮。他怒拔宝剑刺向巨石，谁知剑碰石破，一股

萧县皇藏峪鸟瞰全景

清泉潺潺而出。

皇藏峪为低山丘陵，石灰岩山体，石头千奇百怪，各自成景。山上有许多天然洞穴、井泉，层峦叠嶂中，密林覆盖下，涧水淙淙，未见水流，先闻水声。

这里人文景观也很丰富。瑞云寺依山而建，背依山崖，面临深谷，寺周围群山环抱。寺院历史悠久，原名黄桑寺，后随山改名皇藏寺。寺宇前院为藏经楼，雕梁画栋，图案精巧逼真。一株古银杏，树龄一千四百余年，依然绿荫如盖。一株苍劲古桧，盘根虬干，枝叶扶疏。后院古柏挺立，一对父子银杏相偎成趣，厢房前金桂、银桂秋日里清香袭人。清人蒋佩曾宿于此并赋诗曰："青鞋且趁夕阳晴，流水孤村画里行。远嶂钟鸣香阁送，深林犬吠老僧迎。灯摇佛座三更梦，风卷松涛一院声。"

皇藏峪蘑菇鸡很有名。这道菜须在农家土灶台上、大铁锅里烹饪，先以木柴为燃料旺火烧煮，后以文火慢炖而成，原材料是在山上草地里放养的土公鸡，能让人尝到久违的乡土味道。饭后，再喝口皇藏峪王二嫂子茶。"王二嫂子"最初当然是一个人，后指一种神奇的野生草药。当地流传一句话："喝了王二嫂子茶，啥病来了都不怕。"

58 石柱山：百丈天梯立山野

石柱山档案：

石柱山风景区位于宁国市霞西镇境内，地处天目山脉西部，有五大核心景点，如称为“百丈天梯”的石长城、情人谷、香榧林等奇观。

石柱山，位于宁国市霞西镇境内，地处西天目山脉西部。景区内植被茂密，林木葱茏，石峰壁立，溪流泉涌。

在典型的江南特色之外，石柱山风景区又集山石之奇绝、峡谷之险幽、林木之高古等诸般妙处于一身。畅游景区，苍松、翠竹、榧林掩映山野，小溪、飞瀑、溶洞点缀山涧，日出、晨雾、暮霭、晚风、夕照、夜月在层峦间变幻万端。一年四季，石柱山上郁郁葱葱，石柱山下鸡犬相闻。大自然的千古灵秀，在这里造化出一个不染尘俗、自由自在的桃花源。

山之美，或因林木葱茏而优美，或因溪流蜿蜒而妩媚，或因洞天世界而幽秘，或因云遮雾绕而曼妙。石柱山之美有很多方面，而山石之美，当在其首。

石柱山景区共有五大核心景点，景点之一的石观音，就是一座70余米高的“飞来”巨石。此巨型石柱屹立山顶，外形笔直巍峨，气质沉静肃穆，神情体态极似普度万千众生的南海观世音菩萨。只见她双掌合十，面西趺坐于莲花宝座。其头带的金冠、合起的掌势以及眉眼神情、衣袍褶纹，无不惟妙惟肖。而远看，石观音又神似怀抱婴儿，因此被当地村民称为“送子观音”，每年引来无数的香客膜拜。

石观音左侧，有一座险峻的骆驼峰，由数块耸出山脊的巨岩构成。由于山脊起伏，巨岩高低错落，远远望去，其与一匹低头缓走的骆驼并无二致。特别是那垂落的骆驼头颅和两座驼峰，更像是经过了大师精心的刻画，虽线条简单，但神韵独具。就连那灰褐的岩石颜色，也与真实的骆驼十分相似。

石柱山中，还有一座石长城。不论远观还是俯视，都神似长城。它如巨蟒游弋于起伏的山野，又似蛟龙盘卧在险峻的山脊。石长城，也称百丈天梯，共288级，因台阶异常陡峭，只得在道旁立桩，上拴铁索作为扶手。石长城两边的天然石墙俨如刀砍斧劈，十分平整，笔直向上延伸。其因地势险峻，气势雄浑，而两块巨石又是相对耸立，酷似剑门，故又称剑门关。攀爬石长城，闯剑门关，让人身处惊险却陡生英雄豪情。

在石柱山中，在体验石之壮美、山之险奇的同时，也可体验峡谷之幽静、流泉之恬美。置身此景，如欣赏一曲交响乐，既激越跌宕，又舒缓流畅。

进入石柱山景区，有条幽邃旖旎的峡谷，名叫情人谷。谷内有潺潺的流水，幽幽的石潭，白练般飞泻而下的瀑布。去情人谷，须从一座三孔石桥拾阶而下。其石阶被灌木所掩，狭窄而陡峭。但一入谷底，顿生豁然开朗之感。两侧山体如巨幅绿屏向前伸展，人在谷底，不仅不会感觉逼仄，反觉神清气爽，心情放达。峡谷逶迤而上，蜿蜒曲折，清静幽秘。峡谷两旁林木葱翠，时有各种野花点缀。

百丈天梯

在石柱山中，浣花溪不能不去。浣花溪因溪边野花繁茂而得名。倘在春季，各种野花和满山杜鹃竞相开放，五彩缤纷，争奇斗艳，美不胜收。

浣花溪中更有大片香榧林蔚为壮观。数十株巨大的香榧连成一片，每棵树均要数人才能合抱，据说有的树龄已达几百年。像这样粗壮古老的榧树单株已是罕见，如此形成群林的更是世上难寻。

古树沉静而从容，流泉晶莹而恬淡，山石厚重而朴拙……

石柱山瀑布

驻足浣花溪，我们仿佛穿越时光，与自然和时间对话。

像所有江南的深山一样，雨水的丰沛，造就了石柱山中精彩纷呈的瀑布妙景。山中共有瀑布 50 余处，有的长如练，有的平如绸，有的飞流直下，有的蜿蜒如蛇。

仙黛瀑位于山顶猫鹰洞处，岩壁呈半个覆钟的形状，清泉溅落，如仙女之秀发披垂山际；半山泉在山腰处，泉水从地下喷涌而出，不知其源，只是长年不涸，且晶莹如蓝田美玉。寒冬时节，水中有缕缕热气蒸腾；酷暑入山，则泉水冰凉彻骨。

在石柱山中，当你站在瀑布下仰望，那如烟、如雾、如尘的水汽拂面，会让你暂时忘却尘世的喧嚣，心无羁绊、自由自在。板桥、山门、河沥溪、吴越古道、仙人古塔……这里的山水与遗存适合人静下心来，慢慢感受。

59 石佛山：巨石如佛

石佛山档案：

石佛山位于郎溪县姚村乡境内，主峰高353米。石佛山又称石佛岭，山势峻峭，白云缭绕，山巅有三块巨石，高三丈许，形似石佛，故而得名。

石佛山山巅上有三块巨石，高三丈许，形似石佛，故名。此外，很多处的山石上还雕刻着很多佛像，各种佛像形态各异、惟妙惟肖。

传说新罗国王子，也就是后来被称为地藏菩萨的金乔觉，渡海入唐，云游四海。一日，金乔觉来到此处，见山顶三块巨石，犹如三尊大佛，便拟在此处卓锡，遂向山民询问此山名称。山民答曰："这大佛手起能撑住三十三尺云层，人谓之'石佛撑云'。"金王子心想，佛头处是不能作卓锡的，便离开了此地。后来此处就被人称为"小九华"。安徽被称为"小九华"的山有多处，它们都有共同的特征，一是自然风光美，二是寺庙多。

这里有青山岭寺院、天王殿、天泉庵等庙庵，寺庙雕梁画栋，飞檐拱壁。山

石佛山日出

上终日香火袅袅，游人如织。

石佛山奇特的自然景观众多，可概括为“石奇、水秀、石怪、林幽”。山顶上“风动石”高有丈余，重达百吨，很有名气。据说心诚的游人只要轻轻一推，石头便晃动不已，又称“活佛石”，为中国石景一绝。

山上另有“石佛撑云石”“七丈石”“蟾鸣石”“蟠桃石”“和尚石”“金龟石”“试剑石”等大小石景百余处。登上山顶，环顾四周，石佛山竹径通幽，云海浮动，山葱谷绿，胜似仙境。

石佛山的北坡悬崖陡峭，南坡平缓易登，山顶有一块平地。山上苍松翠柏，绿竹成林，怪石嶙峋，千姿百态，其大如屋，比比皆是，多因年久风化削平而成，构成奇观。

南坡上巨大的长方形“蟾鸣石”，又名三脚石，悬于光滑石壁之上，给人以一触即落之感，但走近用力推动，却稳如泰山。七丈石是登山途中临近山顶一排最大的巨石，形似铜墙铁壁。每当风和日丽，天高气清，攀登其上，举首远眺，南漪湖波光帆影，山川田园尽收眼底。

石佛山风景区主要由石佛山和天子湖两个独立的风景区组成，两者又浑然一体，构成了山水相依的独特格局。

天子湖面积 3.5 平方千米，水清如镜，野鸭成群，大小岛屿星罗棋布，自然植被保护完好，气候宜人。泛舟湖上，置身其中，听晨钟暮鼓，赏湖光山色，犹如置身仙境。

连接石佛山至天子湖景区的索道，凌空而架，气势蔚为壮观。顺索道而下，潘村的“农家乐”及“民族风情园”十分引人注目，各种浓郁的民族表演更是一道精美绝伦的文化大餐。

距景区不远的鸦山古栈道、青山岭寺院、天泉庵、状元坟、瑞草魁茶园、大林原始纸作坊等多处景点，都有独特的文化内涵，值得一游。

“寻梦天子湖，如意石佛山”。石佛山、天子湖景区秀美的佛山、圣水、田园风光，是旅游、度假、休闲的最佳选择。

60 搁船尖：石门不锁寻秘境

搁船尖档案：

搁船尖位于歙县，与浙江省临安、淳安两县交界，属天目山的余脉白际山脉，山形独特，生态优美。

“搁船尖”，一个很奇怪的名字，但它是一处非常美丽的地方的名字，这个地方和明朝的建立有着深刻的历史渊源。

关于“搁船尖”之神女救船的动人故事是这样流传的：远古时期，洪水滔天，玉帝乘宝舫路经此地，黄石滩的恶魔以十门锁锁住山峰，宝船被“搁”，摇摇欲覆。危急中，红衣神女出现，用石镜（石镜岭地名的由来）照妖，砸开十门中的九把魔锁（“十门九不锁”的天然奇观由此产生）。刹那间，山头止于1468米，宝船

搁船尖杜鹃

安稳停住，山也因此得名“搁船尖”。这个神话生动演绎了搁船尖地名的由来。

搁船尖的石门，是大自然的鬼斧神工。这里民间俗称的“十门九不锁”是指十道连续的自然岩壁，好似屹立千年的石门群，道道气势非凡。

因为传说的神奇和地形的特别，此山后来被明教教会利用，并以船为教会的象征性符号，教化当地百姓，在此设浙西明教的总舵，发动数起农民起义，影响巨大，最终将朱元璋推上了天子之位，这里也因此留下了诸多明教遗迹。

海拔最高峰1481米的搁船尖金顶，被人们称为“通向光明王国的阶梯”。现有千亩高山草甸，六甲十景。“金顶祥光”则是其精华所在，由日出、云海、佛光、圣灯四大奇观组成。来到这里，人们仰望苍穹，远眺未来，心潮澎湃。

搁船尖景色迷人，生态优美，也是富硒之地。每年春天，登山俯瞰田间油菜花盛开，片片金黄，错落有致。景区利用得天独厚的自然条件，组织开展垂钓、攀岩、森林浴、野战探险等户外有氧活动。“大战光明顶”户外巅峰活动，已经成为户外界人士非常喜爱的项目，被誉为“长三角最原生态的户外徒步活动”，也是能令人真实体验穿越山野秘境的运动。

61 五溪山：杜鹃花海

五溪山档案：

五溪山坐落在黟县宏潭乡境内，雄立于黄山西南部，山体高大，层峦叠嶂，沟壑纵深，山谷呈 V 字形，幽深而狭长。区域内山脉以三府尖为中心分别向东北、西北、西南呈倒"爪"形分布，产生了以五溪山为发源地、分属两个不同水系的五条河流。五溪山因此而得名。

五溪山与世界文化遗产地——中国皖南古民居宏村相毗邻，森林覆盖率高达 92.8%，有"古黟世外桃源地，五溪风光数第一"的美誉。这里层峦叠嶂，云飘雾绕，林海莽莽，古木参天；这里绝壁突兀，峡谷幽深，飞瀑流泉，空气清新。

在五溪山，仅自然景观就有五溪石门、南山峡谷、黄龙潭、青龙潭、黑龙潭、海龟朝圣、莲花秋色、天子印、头顶石、仙人阁、三叠瀑等几十处，神奇秀美，在葱茏绿荫间，宛如一幅水墨丹青画。

而独特的 V 字形山谷，又造就了五溪山峡谷惊险刺激的一面，正如"千岩万壑生紫烟，山在虚无缥缈间"所描绘的壮阔优美，令人惊叹。攀登而上时，或

夕照五溪山

拾阶或沿小路，一路揽胜，步移景换，位移景新。众多的天然景点，似人、似物、似禽、似兽，形态逼真，引人入胜。

正因峡谷切割较深，沟壑纵深，又加上雨水充沛，所以五溪山瀑布众多。随处可见的瀑布也成了五溪山的一大特点，“山中一夜雨，到处是飞瀑”便是游客对五溪山的印象。

五溪山还有一个俗称，名为“多云山”。即使晴日当空，云亦不断，山以云为衣，云以山为体，山与云的巧妙结合，使名山胜景变幻无穷。登上飞云飘拂的三府尖，人在其上，两腋生风云满袖，眺望五百里杜鹃红。

若说绚烂夺目，当属五溪山的杜鹃花。它们以亮丽纯正的大红色，开在离蓝天最近的高山之巅，汇成花的海洋。它们开得无拘无束，洒脱奔放，是一首首生命的赞歌。

独特的高山草甸是难得的天然氧吧。美景在前，游人远离喧嚣，只觉神清气爽，有一种身心放松、不觉世俗之感。五溪山逐渐成为人们旅游观光、登山探险、摄影寻幽的最佳目的地之一。

良好的生态环境也赋予了五溪山丰富的物种资源。这里有保存完整的天然常绿阔叶林、种类繁多的野生动植物和珍稀濒危物种。特别是核心区近万亩棉槠天然林实属罕见，并蕴藏着珍稀植物种群，被誉为“森林百宝箱”“生物万花筒”。五溪山出产的健身益寿仙人果——香榧、怡人心田的“五溪山毛峰茶”、对多种心脑血管疾病有特殊疗效的野生苦丁茶以及香菇、石耳等多种野生菌类，都远近闻名。

五溪山不仅有神奇迷人的胜景，还是一方红色的热土。解放战争前期，刘奎等领导的游击队，曾驻扎并转战于此，为中国人民的解放事业立下了汗马功劳。

五溪山不仅如一幅秀美的山水画卷，也像是一部温馨柔情与激越高亢相互交织的田园交响曲，无时无刻不让人感到历史的丰厚、天然的俏丽。

62 清源山：清泉汩汩润福地

清源山档案：

清源山风景区位于青阳县，面积6余平方千米，是一处集佛教寺院、五百罗汉山、溶洞、怪石群、枫树林、苗圃等自然景观与人文景观为一体的旅游胜地。

青阳县生态环境优美，主要名胜佳景除了境内的九华山，还有烟霞园、神仙洞、刘冲石刻、五溪山色、舒潭映月、桃岩瀑布、莲峰云海、天柱仙踪等。

清源山，被称为福地。相传该山原先只有一座山峰，后来被天神劈成了两半，因此又叫作两分山。因山中有一清泉水汩汩而出，且永不干涸，自古以来被视为仙水，故名清源，而山也就叫作清源山了。

景区植被茂盛，常见树种有马尾松、常春油麻藤、紫藤花、香樟等。景区负

清源山溶洞

五百罗汉山

离子含量高，被誉为皖南“森林浴场”。置身其间，四处弥漫着树木的气息，使人神清气爽。枫树林面积达百亩之大。春天绿树成荫，夏天凉风习习，秋天灿烂如火，冬天白雪皑皑。景区内有由数万年沉积和自然的鬼斧神工共同形成的特有的喀斯特地貌——清源圣境溶洞，洞内钟乳石、石笋、石幔等形状各异，造型奇特，给游人带来了视觉上的冲击和享受！

清源禅寺始建于宋末，有五百罗汉像，是根据山石的颜色材质依山就势雕刻而成。因此，此山又名五百罗汉山。

一尊尊罗汉或憨态可掬，或庄严肃穆，或开怀大笑，形态各异，栩栩如生。据说每一位来访者都能在其中找到与自己相像的那一尊。此外，清源圣境溶洞内有高达 2.8 米的财神像，许多人前来祈愿，祈祷自己财运亨通。这山也成了众多游人香客向往的一处宝地。

清源山景区风光旖旎，若身临其境，能够感受到身心的彻底放松。

63 目连山：因戏得名蕴民俗

目连山档案：

目连山森林公园位于石台县，是省级森林公园，是郑版目连戏《目连救母劝善戏文》的编创地。自然景观原始，文化内涵丰富。自然景观有戏凤池瀑布群、目连湖、抛儿潭、竹海、玉体睡美人、鹦鹉石等。

明清时期，池州地区目连戏繁盛，各地的目连戏戏班经常汇集于石台的山中，举行盛大的“目连会”，规模宏大，影响深远，目连山由此得名。这里，一座座青山紧相连，一条条绿水绕山间，百鸟齐鸣，曲径通幽，好一片世外桃源、人间仙境。

山和水是分不开的，山因水而灵动，水因山而飘逸。目连山更是如此，树木参天，山石嶙峋；水则是千姿百态，清澈灵动。 目连山也就有了千般神采，万种风情。

目连湖春色

水给了山的神韵。人还在山脚，就能听到潺潺的流水声。著名的是滴翠潭，名副其实，真的就像一块柔和温润的极品翠玉，莹润欲滴，温婉动人。过蝴蝶谷，石阔水开，“清泉石上流”的诗意在眼前如此鲜明。山石流泉，让人心灵豁然开朗，好像洗涤过一般。

行走在参天树木之间，空气格外清新，使人心旷神怡。目连湖不能不去看，它仿佛是自山林深处沁出的一泓翠绿，宁静淡雅，让人不忍一掬。

目连山有许多人文传说。目连寺前有块“灵石”。传说，有一天，一个骁勇剽悍的青年猎人在山中射中了一只猛虎，虎一声巨啸便掉头逃遁，人兽之间的角逐把整座山林都震响了。最终，虎倒下了，人虎对视，就在猎人张弓又要补射一箭时，虎一声咆哮，浑身烈焰升腾，转眼间就变成了一块石头。后周显德元年（954），遁世的僧人们在此盖起了一座禅院，取名“灵石庵”。

传说有一位名叫目连的人，15 岁时为救母亲，一肩挑经书，一肩挑老母，进山求医。在进山后的日子里，他“让指喂虎”。灵石庵的僧侣们为感念他救母的一片孝心，将庵名改为目连寺。

还有一个故事很感人：当年太平天国军曾在目连山中埋下无数财宝。进山埋宝的一队士兵在山里迷路了，在广袤的群山里盘桓数日，仍找不着出山的路。这时正好碰上一个携鸡带子回娘家的少妇，士兵们赶紧上前问路。那少妇以为是遇上山贼了，吓得掉头就跑。这些士兵好容易遇上个问路的人，又怎能轻易放过？那妇人情急之下，将孩子误当包裹给扔下潭去了。最后还是士兵把孩子给救了上来，这便有了“抛儿潭”。这里山路陡峭，绿树掩映之中，一条飞瀑倾泻而下，击在山石上，迸射出串串晶莹剔透的玉珠，跌落在墨绿色的“抛儿潭”中。

戏凤池瀑布群魅力无穷，尽显水韵。这里有落差 150 多米、幅宽 30 多米的横山大瀑布，可谓壮观。

目连山博大、壮美、和谐，可以说它是无声的诗，是立体的画，有许多美丽与神奇，需要我们用心去感悟。

64 香茗山：洞云深锁桃花碧

香茗山档案：

香茗山位于望江县鸦滩镇，南起麦元分亩岭，北抵鸦滩褒隐寺水库，东西贯穿太湖香茗村，全长10余千米，属于大别山脉系，风景秀丽。

中国名茶，多以山名而得茶名，而唯独望江县香茗山，是以茶名而得山名。

“山崖殷窦簇硃砂，香茗丛生蓓蕾芽。采药道人何处去，洞云深锁碧桃花。”这是明代才子解缙赞美香茗山的诗句。

香茗山有大茗、二茗、三茗等峰，还有形似并蒂莲的莲花峰。其南北逶迤约10千米，崇山峻岭，叠翠映秀。

香茗山中野花烂漫，多产兰草，尤以二茗山所产茶叶香味宜人，香茗山因此

香茗山秋景

而得名。民间有谚语："香茗山上百药全，只缺甘草和黄连。"山上药材丰富，其中有一种被誉为"九死还阳草"，可见其珍贵。

香茗山中奇石林立、洞窟幽深、茂林修竹、药圃天然，加上泉清水澈，甘洌可口，游历之余，在此间品茗赏茶，观山水风光之秀丽，听历史传说之神奇，真有心旷神怡、乐而忘返之感。

香茗山山幽景美，自古即吸引雅士名流前来。早在西汉时期，南昌府县尉梅福辞官后，就隐居此山。唐诗人李白、文学家罗隐，明文人解缙、学者罗汝芳、诗人翁溥，清进士李世洽、拔贡姚琅等，都在此驻足流连，留下脍炙人口的诗篇。

望江古属"吴头楚尾"，而香茗山一带为吴楚咽喉，是兵家必争之地。元末朱元璋、刘伯温，明末史可法，清代石达开等，都曾在此征战和扎寨。

雄奇的风光，幽秘的山野，也是修行参禅的理想场所。因此，香茗山中深藏着众多宗教寺庙，如悟法寺、果老道场、寨林庵、朝阳庵、贵烈祠、保悟楼、三圣殿、弥陀庵、凤楼庵、褒隐寺等。这些古迹虽历经岁月沧桑，但大都保存完好，实是难能可贵。

此外，山中还流传着丹灶余焰、无尾龙祭母、曹老爷得道、连屯旧戍等一系列优美动人的故事和传说，为香茗山添色增彩。

面对秀丽壮观的自然景色、丰富多彩的人文景观，古人在游山品茗、觅幽探奇的同时，评出香茗山十大景致，分别为：二茗神灯、连屯旧戍、狮子吐烟、狭英古寨、莲花风韵、曹公道场、石佛洞天、梅福炼丹、石林奇观、古塔英姿。

二茗神灯，指的是每当阴晦之夜，二茗山中常见灯火无数，远近闪烁。因梅福、罗隐二人曾隐居茗山炼丹，民间相传此为丹灶余焰。连屯旧戍，指的是香茗山脚下的连塘城，城周长二里许，今四门旧迹犹存，相传为南朝宋武帝刘裕与卢循大战之地。清代诗人张正庭诗云："宋武凭陵壮力争，连塘屯筑此偏城。关门未锁环溪水，垒堑空围绕径榛。茗岭神灯持照火，松涂鬼马影流兵。白纶野老多情思，指向平原是故营。"登临旧城池，遥想当年金戈铁马，不免吟诵一句："俱往矣，数风流人物，还看今朝。"

梅福炼丹处坐落于小茗山黑洼沟近百米高的悬崖绝壁之上，云飞雾绕。古人称其有"怪石如龙盘古洞，好花挂壁迎神仙"之妙。洞里至今丹灶、石案、石榻

春到香茗山

犹存。置身洞口，如游玉宇，似乎将一切俗尘涤荡得一干二净，难怪古人在此修身养性。

小茗山中的石林奇观，为石峰林立的一种石灰岩地貌，由水流沿石灰岩的垂直裂隙溶蚀作用，形成千姿百态、神韵无穷的石林。其景象奇特壮观，让观者惊叹“神工鬼斧天然巧，妙笔丹青画不成”。

香茗山景区内有一座褒隐寺，建于唐朝，历经沧桑，依旧巍峨；旁边还有褒隐寺水库，碧水悠悠，倒映着香茗山的美景。

65 岱鳌山：自然人文相交映

岱鳌山档案：

岱鳌山位于庐江、桐城、枞阳三县毗邻处，主体在枞阳县境内。其为东南走向，在绿荫覆盖、峰平坡缓的丘陵地带突兀而起，其最高峰为龙王顶，海拔270米，宛如一头巨鳌，故名。

巍巍岱鳌山，钟灵毓秀，峻峰绵延。它的美，在于揽奇峰怪石、山色林海为一体，在于集山泉溶洞、古刹庙宇、古墓遗迹于一身。

岱鳌山最高峰是龙王顶，顶上建有龙王寺，寺庙气势恢弘，巍峨壮观。站在龙王顶，极目远眺，犹如东海波涛翻滚。俯视山下，道路纵横，满目苍翠，一派田园风光！太平天国时期，李秀成的部队也曾在此驻扎，各种遗存依稀可辨。山脚下的万人井，更是恩泽民众。

岱是岱宗、祖神之意，鳌是鳌鱼、鳌龙，龙头老大的含义。岱鳌山，顾名思义，是龙祖神山。传说，东海龙王把一条鳌龙化成了这条山脉。后来，秦始皇赶

晨雾中的岱鳌山

山，用神鞭打出了缺口。这当然是传说，但山上石形的龙身、龙脊、龙爪、龙掌、龙趾，栩栩如生。

平顶山为岱鳌山脉的第二峰。山上风洞岩有一洞，深不可测。洞内风声呼啸，拔蒿草投入洞中，旋即起舞飘出洞外。洞前有风洞庵，建于清康熙年间，庵内有一株千年黄色牡丹，根壮叶茂。

凤凰岭位于岱鳌山中部，群峰环抱，岩壑深幽；修竹覆荫，古木参天。这里溪水潺湲，禽鸣悦耳。古寺也在此巍然峙立。在众寺之中，规模最大、香火最旺的是三贞庵，又名三圣庵，供奉的是桐城籍大清名相张英的三位祖姑。雍正年间，张英之子张廷玉重修庙宇，并亲自作《重修三贞庵记》，刻碑记载，至今留于庵内。

双狮山位于岱鳌山群峰之中，一雌一雄两只狮子。公狮子巍然屹立，气势宏伟；母狮回首翘望，情意绵绵，似有相互依偎之态，形象逼真。

岱鳌山仙女岩名字好听。峭壁上有一莲花洞，洞内流水潺潺，冬暖夏凉，石壁上钟乳石恰似盛开的莲花。这里有民间流传的十小姐，其实是十座巨石，依次排列，犹如十位美女，不禁让人感叹大自然的鬼斧神工。

在岱鳌山，春天可见漫山遍野的红杜鹃，感受鸟语花香；夏季可赏泉水涓涓，小桥流水人家；秋季可观漫山红叶，硕果挂满枝头；冬季可看银装素裹，嗅梅花清香。淮军将领吴长庆之子吴宝初当年踏游岱鳌山时，情不自禁地赋诗：“常恐好诗人不识，诗心山色共争奇。谁知路绝云深处，犹有好山诗不知。”

山水相映才秀美。岱鳌山森林密布，生态环境优美，许多溪流汇集于山脚之下，形成曾庄水库、江庄水库和汉塘水库。方圆几十里的岱鳌风光浓缩于这三座水库之中，美不胜收。

岱鳌山中的一块平地上，有桐城派大散文家姚鼐的嫡祖墓地。著名美学大师朱光潜的故居，就在岱鳌山双狮岭脚下的吴庄。著名法学家周新民的家乡在龙王顶脚下的陡岗村。岱鳌山南面的阳和村，是著名民主人士光升的出生地。

山水共人文交辉。岱鳌山以得天独厚的自然资源和人文资源而闻名遐迩。

66 马鬃岭：中药百宝山

马鬃岭档案：

马鬃岭位于金寨县南部，是天马国家自然保护区的一部分，总面积 48.43 平方千米，其中核心区 15.37 平方千米，活立木蓄积 50 万立方米。因古木参天，森林原始，盛产灵芝、天麻、贝母、三七、竹节参等百余种野生名贵中药材，故又得名“百宝山”。

金寨天马国家级自然保护区地处鄂、豫、皖三省交错地带的大别山腹地，是北亚热带向暖温带的过渡地域。这里崇山峻岭，峭壁悬崖，高峰迭起。

马鬃岭位于保护区内。相传，明末李自成起义率部东进，路过金寨南部的大山。因山高路险，影响部队前进，闯王快马加鞭，一纵而过，此山遂更名为马纵岭，后取谐音“马鬃岭”。

每当晴空月夜，岭南侧的月亮岩晶莹透亮，遥相辉映，处处皆堪入画，马鬃岭的名字更是引人遐想。

马鬃岭山势险峻，到处悬崖峭壁，沟壑纵横，古木参天，百鸟鸣唱，流水潺

植被丰茂的马鬃岭

潺。此地有走兽攀岩，奇洞若隐若现，云雾弥漫林间，是天然的氧吧。据测量，这里的空气负氧离子含量居全国同类景区之首。

马鬃岭，因其云多、雾重、山高、树密、水碧，形成了风光旖旎、无与伦比的自然景观，被誉为生态名山、资源名山、药材宝山、文化名山。

鹰宿崖名字的由来也是一个传说。以前，这里的果子园一带有一条恶龙经常为害乡里，导致水患连连。在“圣母洞”修炼的圣母得知后，便放出神鹰啄瞎了龙眼，龙便化作卧龙山，神鹰化作“鹰宿崖”。站在鹰宿崖脚下，仰望两座神峰，只见其犹如神鹰展开的翅膀，翅膀下悬崖峭壁，险象横生。曾有樵夫见过洞中飞出数百只老鹰的壮观景象。

马鬃岭上云海浩瀚，因地形气候等自然因素的作用而变幻无穷。它时而水纹悠荡，波光粼粼，像一池微风吹皱的春水；时而惊涛乍起，骇浪翻滚，万顷波澜奔腾而来，漫过山脊；时而又如银河缺口，飞泻而下，形成道道云瀑；时而层峦叠嶂，云峰耸峙，好不壮观！

马鬃岭也有“佛光普照”的时候。晴天之时，无论在上午还是下午，无论在何处都可观赏到“佛光”闪现。

马鬃岭有传奇古韵色彩的古驿道。在帽顶山下，横亘着一条绵延百里的古驿道。古驿道沿河而行，借坡而上，时而青石板铺就，时而顺石崖自然形成。此古道乃明末年间安徽湖北两地药商互通之路，后为捻军攻占帽顶山古城运送粮草所用，当年既具有商用价值，又具有极其重要的军事价值。

抚今，远山静谧；追昔，历史如梦。马鬃岭，一座难得的融自然美与历史美为一体的圆梦之山！

67 屋脊山：云海朝霞生妙景

屋脊山档案：

屋脊山，位于霍山县佛子岭水库畔的单龙寺镇境内，因外形酷似屋脊，故名。这里终年有云海，变幻万千，被中国摄影家协会命名为“中国摄影创作基地”。

王维有诗云：“远看山有色，近听水无声。”屋脊山云海弥漫，若是运气好，还能看到“佛光”。山和水的融合，是静和动的相衬，在青山间探索，在绿水间泛舟……其美妙令人向往。

屋脊山景区大门汇泽门与单龙寺相对，有“百川汇海，泽被苍生”之意，短短八字，体现了人们对风调雨顺、安定祥和生活的祈愿。

“守望处，江悠悠。化为树，难回首。”临近水库，凸出的一块裸露岩石名为苍鹰岩，岩上独生一树，名为守望树。相传汉武帝曾巡狩至衡，驻跸屋脊山。途遇采薇少女，一见倾心，但身为一国之君，不得不考虑江山社稷，只得作别。采薇女携鹰至屋脊山，立于崖顶，眺望皇帝东行，化作守望树。李白诗曰“仿佛古容仪，含愁带曙辉。露如今日泪，苔似昔年衣。有恨同湘女，无言类楚妃。寂然芳霭内，犹若待夫归”，说尽了采薇少女的愁绪。

屋脊山主峰三面临崖，四周低矮，一峰凸起，雄霸一方。山顶 200 米直成一线，形如屋脊。山顶有一巨石，青铜色，形如宝剑，传说是“石宝剑”，乃镇山之宝。自此处往远方望去，弥漫的雾气中，海天一色，景色优美。屋脊山主峰设有两处观景摄影平台，视野坦荡，被中国摄影家协会命名为“中国摄影创作基地”。常有来自全国的摄影家到此，一探究竟。

金龟岛同样是屋脊山独立的主峰。它形似金龟，蓄水期为孤岛。传说金龟成精，扰得当地百姓不得安宁，故特求二祖设法伏妖，最终龟化为山，百姓丰衣足食，幸福安宁。“半脱莲房露压欹，绿荷深处有游龟。”从远处看去，它实在像一只象征福寿无边的神龟。

螺蛳台则位于屋脊山顶峰偏东北处，因巨石酷似田螺立于山顶，人称螺蛳台。此处与屋脊山顶峰一高一矮，相互映衬，似主仆列位、辅助主峰之意。无论是从这里看屋脊山，还是从屋脊山向低处看，百般景色，绝无相似之处，真是高高低低，各有不同。

屋脊山山脚下有五座半岛相连，登高俯瞰，其形似龙爪，故名龙爪岛。传言说，此处素有皇室恩泽庇佑，故而物华天宝，人杰地灵，美景亦不同凡响。而屋脊山山顶观景台，正是观赏龙爪岛的最佳位置，云阔烟深，江水澄澄，绿水逶迤，芳草长堤。俯仰流连之间，水的灵动与岛的沉稳碰撞出别样韵味。

屋脊山临近佛子岭，由于水库水量充足，四季云雾缭绕，漫山云海一望无际，就像一幅精美的画卷，灵动地展现在天地之间。当春天来临的时候，这里漫山盛开着的映山红，在变幻莫测的云海映衬下，宛如仙境，美不胜收。

屋脊山的独特魅力、俊美景色令人目不暇接，若亲临于此，看云卷云舒，宁静而美好！

68 大华山：千亩竹海胜境

大华山档案：

大华山风景区位于六安金安区东河口镇境内，西临南岳山，南望万佛湖，景区内有千亩竹海、古矿泉井和多株70多米高的古枫树，自然风光秀美。

大华山景区人文景观和自然生态、地貌奇观资源俱佳。这里禅寺、古枫、圣泉等景观齐聚，怪石依山取势，曲径辗转迂回，掩映在苍松翠竹之中，晨钟暮鼓，香火缭绕，形成了独特的佛国情调。

据说，大华山原名大望山。金乔觉西渡中国后也曾来此，后人建庙一座，名云峰寺。金乔觉在江南九华山结庵修道，涅槃后身体不腐，世人尊他为地藏王。人们改大望山为小华山，后来建有地藏寺，又改为大华山。

大华山景区

云峰寺至今耸立在一片葱绿之中。中国佛教协会原会长、书法家赵朴初题写的“大华山云峰寺”匾额悬挂其上。每年农历二月、六月、九月的十九日庙会期间，游客不断。

与云峰寺相呼应的还有金狮寨古战场。相传天公得知皋陶帮助大禹治水，降下36头镇水狮辅佐他。其中，有些狮子就在山寨南坡，故名金狮寨。山寨地势险要，易守难攻，留下众多古迹。登临寨顶，苍茫大地，一览无余。

北宋方腊起义，其部将曾居高临下，扼守此寨。解放战争时期，中国人民解放军歼灭敌88师的张家店战役也在此进行。

嵩寮岩分雌雄两岩，东西对峙，酷似双蟾。依崖而建的双蟾寺，四壁悬崖，古朴幽深。建筑与岩洞浑然一体，岩口似覆盂，岩口如堰月，洞深可容千人。仰观岩顶，钟乳石如蜂房燕穴，千姿百态，用棒击悬石能发出擂鼓声响。还有一孔燃烛数孔皆亮的七星灯，天设地造，令人叹为观止。

来此观光的游客们不仅可以游深山胜境、寄情山水，还可以膜拜千年古刹；既可品尝山野民间土菜，又可品六安瓜片贡茶；既可以体会到“鸢飞戾天者，望峰息心；经纶世务者，窥谷忘反”的真谛，也可以体会陶公向往世外桃源的诗情！

69 大蜀山：都市森林公园

大蜀山档案：

大蜀山位于合肥大蜀山国家森林公园内，主体属于溢出型死火山，是江淮地区不可多见的典型火山地貌，主要成分为基性岩浆，是合肥市民休闲的好去处。

全国的大城市中，纳一座山于怀抱的并不多见。而合肥，就有这么一座山，它在市区内拔地而起，蓊蓊郁郁，像一块翡翠佩挂在城市的胸前。这座山，叫大蜀山。

大蜀山系大别山余脉，山势东南高，西北低，呈椭圆形，由火山喷发而成。据卫星拍摄的照片显示，大蜀山上有两个圆点，那就是两个火山口。主火山口位于现在的主峰处。大蜀山除保留了古火山应有的火山锥、火山瀑、火山岩，连难以发现的火山颈也保存了下来。

奇妙的火山地貌，秀丽的山野景色，优美的生态环境，孕育了丰富的人文景观和自然景观。它们交相辉映，相得益彰，形成了独特、充满魅力的宜人风貌。

据《尔雅·释山》释解，“蜀”是“独”的意思，因大蜀山无岗阜连属，只是孤单单的一座山，所以叫蜀山。又据《庐州府志》记载：“有蜀僧于此结庐，偶思乡水以锡卓地，泉汩汩而出，尝之有瞿塘峡味，因名为蜀井。”所以又有人说蜀山是以此得名的。

大蜀山不高，却是一座城市的制高点。作为合肥市区内唯一山体，大蜀山是市民登高远眺的最佳选择。于山上瞰城，城中观山，整座城市都成为大蜀山的街景。向北可放眼董铺水库如玉镶嵌，向南可远眺巢湖烟波浩渺。

大蜀山无仙，却因其一山独秀，四季景色如锦绣，而引人景仰。古往今来，许多文人墨客在此留下诗篇。明代诗人龚志益《游大蜀山》写道：“十年前此问岩阿，醉倚南窗共放歌。”明末清初梁清标诗言：“古今此地无关节，白日孤城冷蜀山。”清代李天馥诗赞云：“重峦极望树千章，款段风柔趁夕阳。丛林修藤无定境，黄榆乌桕有微霜。云间梵宇疏钟远，山下人家晚稻香。却悔数年游宦拙，等闲留滞负秋光。”清张继诗赞美道：“郊外春游揽物华，径穿林麓驻行车。几双学语迎人雁，大半无名夹路花。茶放千枝绕树满，泉分一道下山斜。连骑属泳归途晚，遥听沉沉鼓报衙。”

《续庐州府志》这样描述大蜀山之美：“春山艳冶如笑，夏山青翠欲滴，秋山明净如妆，冬山惨澹如卧。惟其卧也，故雪霁神开，跃然有起色矣。”也就是说，蜀山四季皆美，而尤以冬日雪景为最。

每逢雪后初晴，登临蜀峰眺望，可见茫茫雪海，银装素裹，艳阳白雪，相映生辉。东眺合肥城区，琼楼玉宇，如同虚幻；北望蜀山湖面，又似一方玉镜镶嵌白袍。古人熊敬有诗赞美：“晓起俄惊霁景开，高山头白势崔嵬。卷帘为爱琼瑶湿，一片寒光入座来。”美轮美奂的“蜀山雪霁”，被古人列为“庐州八景”之一。

进入新世纪，随着蜀山环境的不断美化，“蜀山春晓”又被评为新“合肥十景”之一。春天，步入蜀山，漫山遍野的苍松翠竹，郁郁葱葱，群鸟林间相戏，草丛虫鸣唧唧。在林中观百花绽放，在山中听溪流潺潺，登顶峰看云卷云舒，真物我两忘也。

1962 年，安徽电视台在山顶上建发射台，成为合肥市最高标志物，也成为

游人参观游览的一个新景点。此后，大蜀山周围相继建成了半边街、雪霁山庄、玉兰大道、蜀山画廊、十二生肖园、合肥野生动物园、文化陵园、樱花园、玉兰湖水上乐园等新景区。这些景点错落有致，各呈风采。

“青螺旋出蜀山秀，一带淝水绕城来。”登蜀峰远眺，揽庐州于怀，心旷神怡，宠辱皆忘。

⑰ 四顶山：一山分四顶

四顶山档案：

四顶山位于肥东县长临河镇六家畈乡境内，海拔174米，面积2.67平方千米。因山有四顶，故名。

四顶山位于肥东县“九龙攒珠”式古村落六家畈境内，紧靠巢湖北岸，其南与湖天胜境中庙相连，其东南与巢湖明珠姥山岛隔水相望，其东与原生态的白马山相邻，其北有古镇长临河，真是放眼皆景，美不胜收。

四顶山虽然海拔不足200米，但因临湖而立，显出巍巍气势。四顶山有四峰骈列，故名四顶。又传说东汉魏伯阳铸鼎炼丹于此，而此山又仿佛是只巨大的四足朝天的香炉，故亦称四鼎山。

四顶山自然景观、人文景观相辉映，并以独特的湖光山色耀显皖中。其景色之美，尤以朝霞为最。每当雨后初晴，则霞光四射，满山璀璨。“四顶朝霞”美誉四方，先后被列入古庐阳八景和古巢州八景，并有“庐阳一郡胜境”之说。

民间口口相传，魏伯阳偕三徒在此修道炼丹成仙。此后，山顶常有明霞异彩出现，相传为魏伯阳所遗丹砂碎粉与朝霞相映而致。

现四顶山有池，缘此传说，名“炼丹池”。池在西峰上，南北长约 20 米，终年不涸，清澈见底。又有“仙人洞”，可容数人，言师徒四人在此仙居。

“四顶朝霞”之炫景，曾经引发许多名士前去一探究竟。科学研究表明，四顶朝霞奇观是水气折光反射形成的。也就是说，观四顶朝霞，一定要碰到一个雨过天晴的好天气，这样，凌晨登高远望，当旭日透过蒙蒙的水雾将炫目的光洒落在脚下的草地上，会出现一道道光环，在浩瀚的湖水中，会呈现一派五颜六色的光彩，微风拂起，光逐水，水生光，直向湖天尽头，辉煌一片。

四顶山南峰，有一座金碧辉煌、颇为壮观的古刹。此曾为唐代一僧人结庐之地。宋时建“庆和寺”，明代学者黄道日改名为“朝霞寺”，供奉关羽像。庙前有大片树林郁郁葱葱，中有两棵高达 30 多米的紫檀分外引人注目。

朝霞寺的大门上有联：“山势东来犹望蜀，湖波西下欲吞吴。”此联内容包含了一段历史。三国时期，扼守合肥东南要道及俯视巢湖水道的四顶山，曾是魏、吴相争之地。魏青龙元年（233），扬州都督满宠筑新城以抵抗吴国军队。吴帝孙权于嘉禾二年（233）率十万大军围攻，未能攻下。据《三国志》载：“是岁，权

四顶山晚韵

向合肥新城，遣将军全琮征六安，皆不克还。”次年夏五月，孙权再攻新城，仍未果。虽然时光已悠悠千百年，但在今天，人们还能看到新城遗址，它由十几个连绵不绝的土墩组成，呈长方形。

千年霸业皆成空，只留残垣示后人。凭古怀今，自有一番感慨在山野间。四顶山毕竟是一方山水之地，在漫长的历史中，它带给我们更多的是自然、和谐之美。

明末，有学者方自勉隐居朝霞寺，并设书院授徒，由此教化了一大批学士，闻名当时。

1935年之前，四顶山下六家畈的吴中流先生在山上的第四峰偏北处，建了一座“四顶公园”，供人休闲。稍后，张治中又在附近建了一所西式结构、小巧玲珑的别墅，取名“朝霞小筑”。

四顶山之石，也颇多奇妙。其北山腰处有一巨大宝塔状的尖石直穿长空，高七八米，顶端镶有一块石片，并垂下一条长三四米的石线，仿佛一个仙翁正坐在那里静静地垂钓，名“钓鱼台”。其南山腰，有两块形似一对鹦鹉的巨石，名“鹦鹉石”。每当阳光照射之时，站在三里外的中庙或更远一点的姥山向北眺望，只见那鹦鹉石宛如一对情鸟在交颈私语。临湖水边的西山脚下，有一孤石，似出水青蛙栖息岸边，昂首望天，得名“青蛙石”。

此外，还有“老蚌含珠”石、“棋盘”石、“都御史座”石、“天将守门”等自然景观，皆天工自成，惟妙惟肖。

四顶山胜镜古往今来吸引了大批游客，也留下了众多脍炙人口的诗赋。最有名的，当属晚唐诗人罗隐的那首《四顶山》：“胜景天然别，精神入画图。一山分四顶，三面瞰平湖。过夏僧无热，凌冬草不枯。游人来至此，愿剃发和须。”

71 银屏山：千年牡丹悬崖开

银屏山档案：

银屏山是巢湖连绵群山中的一座气势雄伟的高山，是巢湖市境内第一高峰，海拔约508米。银屏牡丹为奇特之景。

银屏山是巢湖之畔众多幽景中最不可错过的地方。

银屏山南有一悬崖峭壁，每当隆冬季节，雪盖冰封，银装素裹，形似天然的银白屏，十分壮观，后人称为“银屏”，故名。

银屏群山，共有九座山峰，形如九头巨狮，名曰九狮山。九座巨狮或卧、或立、或行……形态各异，惟妙惟肖。故古人通称其为“九狮银屏”。

这里还有“天下第一奇花”之称的千年石生白牡丹。每年谷雨，牡丹怒放盛开，游人只可仰视其姿，却遥不可及。这株白牡丹独自生长在离地面30多米高的悬崖峭壁上，并且植根于坚硬的岩石之中。这株白牡丹的生命力极强，由北宋欧阳修诗《仙人洞看花》可知，银屏牡丹已有千年沧桑。其到底生于何年，无人知晓，此为一谜。它虽经千年风霜雨雪，世间变幻风云，就是不凋不败，不蔓不枝。据说，这花有灵性，花开花谢，花开多少，可以预兆年成的丰歉：花开五朵则五谷丰登，花开四朵则四时吉泰。花开得早，朵数少，必有旱灾；花开得迟，朵数多，必有涝灾。历史上，还真发生过应验了旱涝的巧合。

牡丹花的绝壁之下，有仙人洞，洞内盘桓曲折、怪石嶙峋、钟乳纷呈，宛若地下迷宫，是典型的喀斯特地貌溶洞景观。

月亮山顶的牡丹亭不可不去登临。它三层八角，恢宏典雅。秋天，登高临远，可以“南看长江飘玉带，北观巢湖数点舟”。

银屏山上面有座龙兴寺，山风阵阵中，佛香经声袅袅娜娜，让人顿生佛意禅思。

银屏山另一个让游人拍手称奇的是生长在这里的三棵千年古树。一棵名为“九

银屏奇花

丫树”。俗话说，人无十全，树无九丫。但这棵树正好长出了九个旁枝。不过，有一年古树遭遇雷击，一个旁枝不幸断落。另外两棵奇树，则是生长得枝繁叶茂的楠树。

银屏山虽没有黄山雄伟壮观的奇峰丽景，也没有九华山的金钟佛气，但它以独特的魅力吸引了大批慕名而来的游客。

甑山：一峰壁立听梵音

甑山档案：

甑山位于当涂县城东姑孰镇境内。这里有一片蜿蜒起伏的群山，林木茂密，葳蕤葱茏，有甑山禅林等景观。

甑山之形，如一横卧的古甑，因而得其名。

“平子去已久，余风今复追。未必游春草，王孙自不归。路高村反出，林长鸟更稀。寒云间石起，秋叶下山飞。西河方阅训，讵得解朝衣。”这是南朝梁代文学家庾肩吾写下的《游甑山》。可见，魏晋南北朝时期，甑山就是名人雅士的神往之地。

甑山禅林

入山，可见一峰壁立百仞，群山环拱侍立，“尊重如袍笏贵人”，是为甑山。

甑山向东南方向是渐趋宽阔的谷地，涓涓溪流汇聚成映山湖。湖水倒映两边翠绿的青山，草木婆娑，鱼鸟嬉游。谷底西侧有山，状如金龟，向湖水爬行一般。另有一山名堃山，即女性之山。几景合在一起，谓之“金龟守水口，玉女浣溪纱，轩霄通九州”。

传说，乾隆年间，有父母遇逆子不孝，走投无路，来此敬香求佛教子，还真有成效。从此，此山又有“父母山”之称。

登甑山之顶眺望，可“近看吴头，远眺楚尾”，鱼米之乡尽收眼底，给人以“坐观如读画，此际乐无涯”之美。南麓有一寺院，名甑山禅林，始建于唐代，如同被这巨甑怀抱于胸前。建筑既具皖南民居风韵，又不失寺院的古典端庄。山因寺增辉，寺因山添色。甑山山色与古刹之风相得益彰，既清秀俊朗，又古朴厚重，入其境，有超然脱俗之感。

甑山禅林历史上屡经兴废。清光绪年间，住持僧启圣重修禅林。抗战期间，其遭日寇破坏，庙宇毁去大半，后渐渐衰落凋败。20世纪末，残垣断壁得以修缮，并新建多座殿堂。目前，已形成建筑群，有大山门、福德堂、万寿塔、八组阁、万佛塔和斋堂等。每逢吉日，寺院人山人海。寺中大殿有联曰：“暮鼓晨钟惊醒尘寰名利客，经声佛号唤回苦海梦里人。”

禅院之北有一座别致的小院，风貌与一般寺庙不同，竟是妈祖殿。据说，这个二进六间的妈祖殿是安徽唯一的妈祖庙。

山有水才更显灵动。甑山之美，因了映山湖的相衬，而倍增风韵。映山湖在甑山与岱山的山谷间，给人以“高山出平湖”的美感。映山湖水域面积近千亩，水源来自于群山溪流，清澈如碧，波光潋滟。

映山湖北岸是一片百亩的湿地沙滩，是一览自然湖景的绝佳之处。湖南岸松木茂密苍翠，山势陡峭，甑山在湖心倒影成趣，形似“甑”器漂浮。此地青山绿水，相映如画，鹳鹭飞舞，野禽出没，宛如一方世外静地。

73 龙山：林郁景奇藏古寺

龙山档案：

全椒龙山风景区，林郁景奇，苍松翠竹，殿宇亭榭，清磬悠钟，有龙山寺、娘娘殿等景点。

全椒龙山风景区，以自然野趣和龙山寺而闻名。

龙山不高，但春可看花、夏可观水、秋可赏竹、冬可踏雪；常年平均气温在14℃～15.6℃，可以说是四季宜人。

其中最著名的景点就是历史悠久的龙山寺，位于全椒县西王镇境内，迄今为止已有1500多年历史，始建于南北朝。该寺传说是梁武帝国师宝公道场，依山而建的大雄宝殿、观音殿、娘娘殿、毗卢佛殿气势恢宏。尤其是主峰娘娘顶，于上远眺，长江如带，巍峨庙宇，浑然一体，令人惊叹。

古寺边山峦重叠，林郁景奇，苍松翠竹，黛色参天。行走其间，总是有意想

龙山脚下桃花盛开

不到的惊奇，一会儿岩山幽洞，瀑洒千峰；一会儿小桥流水，终年不息。

走进龙山寺，只见殿宇亭榭，清磐悠钟，真是千古胜地。这里有迎驾桥、积善桥、放生池、宝公亭、美人山等三十六景，遥相呼应，自然成趣。明代诗人刘瑜诗云："爱此西山矗矗青，几来马首轧须停。从谁乞得愚公力，移得南窗作画屏。"清朝吴国缙诗曰："林深无熟径，树老不知年。瀑洒千峰雪，岩开一线天。"吴国缙是著名作家吴敬梓的曾伯祖，顺治己丑科进士。

今龙山最高峰名娘娘顶，山中有娘娘殿。登上娘娘顶，东看长江滚滚，南眺独山、小黄山层峦叠嶂，西观三湾水库、岱山湖烟波浩渺，北望万亩林海苍茫，一派盛大气象。

"览胜过萧寺，参禅忆宝公。千山缘石入，一榻借云笼。茶灶分秋水，香烟动暮钟。归时如有讯，明月在溪东。"明代全椒人王作霖所描述的龙山胜景，如今依旧。

全椒县自古人杰地灵。历史上涌现了不少名流，仅吴敬梓一族，进士、举人蔚然可观。这里正月十六走太平等风俗也饶有滋味。游玩龙山，走进名人故居，体味地方风俗，怡然自乐。结束后再来一碗马厂羊肉面，会让你的舌尖充满回味。

打起行囊，来到龙山灵地，在山林中徜徉，在古寺中祈祷，在老街上行走，在面馆中品尝美味。这是何等的惬意和享受！

74 龙脊山："不出皇帝出神仙"

龙脊山档案：

龙脊山风景区位于淮北市烈山区新蔡镇境内，为省级自然保护区。其海拔 363 米，为淮北地区最高峰，山势由东南向西北绵延，像一条卧龙朝着古老的龙吟湖伸展，当地人们将之称作"老龙脊"。

龙脊山自然风景区面积约 10 平方千米，东与宿州市接壤，北与萧县相连。它奇峰俊秀，古木参天，树奇石怪，景色宜人，有千年古檀掩映下的大方寺遗址，还有龙吟湖、扁泉、观日台、仙人洞、张果老升仙处等景点。

龙脊山风景区面积 21.77 平方千米，呈椭圆形。这里山势绵延起伏，景区内的千年紫檀木令人惊叹，拥有原始森林植被 7000 余亩，树木浓荫，遮天蔽日，湖泊清泉，风光宜人。

龙脊山分布着许多景观，也流传着很多故事。当地老百姓会告诉你，八仙之一的张果老生于此。他原来叫张果，青年时出家修行。一次，他挑水时听到两个孩童对话，原来他们是参童。他挖出仙参，煮熟吃后成了仙；剩下的汤给驴喝了，黑驴子也成了神驴。

这个传说中的仙人成仙之地，层峦叠嶂，三山错落，中夹小山，绵延迂回，变幻万千。当地流传着“三山夹一山，不出皇帝出神仙”的民谣。人们还说，登龙脊尽览龙脉，入深林说仙悟道。

因为山势由东南向西北绵延，像一条卧龙朝着古老的龙吟湖伸展，当地人们习惯称之为“老龙脊”。关于龙吟湖也有传说：明朝刘伯温斩龙脉时，“一剑斩掉龙须嘴，呻吟抓出一潭水”，潭水便是龙吟湖。湖水清如明镜，三面环山，风景秀丽。

景区内有著名佛教建筑大方寺。据记载其始建于汉朝，已有2000多年历史，历经唐、宋、元、明、清多次扩建重修，规模越来越大。寺院环境清幽古朴，树木参天，风景秀丽。每到盛夏，更是清凉宜人，实为皖北少有的旅游佳地。

整个景区或绿水青山，古刹钟声；或深壑幽深，飞瀑流泉；或奇峰插天，云动霞飘；或山巅仙台，奇松拱卫，令人超然物外，飘飘欲仙。

与龙脊山自然风景区仅一山之隔的塔山村，还有一个塔山万亩石榴园。明清时期这里就栽种石榴，为历朝贡品果园。现仍有明清时古石榴园近700亩，花开时节，一片绚丽，赏心悦目。

瑰丽峡谷

山自灵秀，别有洞天。

天地造化，人间妙境。花山谜窟 、翡翠谷、太极洞 、狼巷迷谷 、大王洞、蓬莱仙洞……大自然鬼斧神工，留下太多的瑰丽与传说，无论怎样去追寻，这里总有探寻不尽的神奇与奥秘。

江淮大地上，分布着各种峡、谷、洞、窟，它们千姿百态，蔚为壮观， 像穿越时空的老者，向世人悄声诉说着深邃天成的别样风景。

75 花山谜窟：地下宫殿千古谜

花山谜窟档案：

花山谜窟风景区原称“古徽州石窟群”，坐落在黄山市中心城区（屯溪）篁墩至歙县雄村之间的新安江两岸，以新安江为纽带，连接花山、雄村两大景区，国家 AAAA 级旅游景区。

黄山脚下、新安江畔被称作“花山谜窟”的古徽州石窟群，越来越引起人们的关注，关于它的成因，是一个千古之谜。

北纬 30° 这条线上，有埃及金字塔、玛雅文明遗址、百慕大三角、死海、神农架野人之谜等世界上诸多奇观异景，以及许许多多让人捉摸不透的未解之谜和神秘事件。花山谜窟的发现，让这条神秘的纬线上再添一处神奇景观和一个难解之谜。

黄山市屯溪区与歙县交界处，有一片高不过一二百米的连绵小山，称作花山，是黄山山脉的延伸部分。2000 年的一天，当地老农上山打柴时，无意中踏松脚下沙土，土块纷纷滑落，露出石壁上深不可测的洞穴。庞大的石窟群得以见天日。石窟群呈线性分布在新安江畔连绵的花山山麓中，全长约 5 千米。

“花山谜窟”不同于国内外其他著名石窟，它不是天然溶洞，而是古代人工开凿的规模宏大、形态奇特的地下宫殿式石窟群，如今已发现的 36 座石窟遗址区面积达 7 平方千米。据考古、地质方面的专家对石窟出土的西晋釉陶等文物进行考证断定，它开凿于西晋年间，距今有 1700 多年的历史。

走进石窟，可见所有岩壁上当年留下的凿痕清晰如昨。据统计，石窟内有 18 种凿纹，有的似天象中的云鳞，有的似鸟兽中的羽毛，有的似植物中的叶脉，有的似山水中的水波……这些蕴含力量与美的凿痕，如同鬼斧神工。

花山谜窟的谜团在于，如此大规模的人工开掘石窟，而且处在新安文化的中心地带，居然在历史上没有任何记录。另外，石窟的开掘年代、用途、石料去向、持续时间、开掘者身份等谜团至今未解。

来自国内外各大机构的历史、考古、文化、文学、旅游、地质、宗教、环境等领域的权威专家们，在实地考察后，对花山石窟之谜一时难以给出答案。与举世闻名的敦煌石窟相比，花山谜窟洞内没有壁画、没有佛像，也没有文字，更无任何史料记载，就是在当地的民间传说中也难寻踪影。

花山谜窟谜团众多，带来了各种猜想。以石窟为重心的花山谜窟风景区，目前是一个集青山绿水、田园景致、奇峰怪石、摩崖石刻、石窟、庙宇、古建筑等自然景观和人文景观于一体，内容丰富、适宜各个年龄层游客观赏的综合景区。

花山石窟，一座古徽州石文化历史博物院，一个惊世骇俗的古建筑工程奇观，是前人给我们留下的一笔珍贵的文化遗产，是地球文明史上的又一奇迹。它需要我们去拨开历史的疑云，还原它的本来面目。

76 鱼龙洞：洞藏“四海”生意趣

鱼龙洞档案：

鱼龙洞坐落于石台县东部七都镇境内，与太平湖衣袂相连，全长5000余米，为国家AAAA级景区。

鱼龙洞景区自古即为石台县八大景区之首，被誉为世外桃源，是皖南山区的绝胜洞天之一。

鱼龙洞的得名，有两种说法。一说洞口呈张开的鳄鱼嘴形，倒挂的钟乳石犬牙交错，如鳄鱼锋利的牙齿，下颌成池；而洞体似蛟龙盘曲蛰伏于山下，故名“鱼龙洞”。一说因其洞口有一个像龙、一个像鱼的两块石头分立两侧，顾盼有情，因而称“鱼龙洞”，并流传着东海龙太子和鲤鱼仙子相恋私奔的凄美爱情故事。

鱼龙洞

喀斯特溶洞形成瑰丽景象

山是洞之体，洞是山之窍。有洞的山多一分灵气，有山的洞多一分神秘。鱼龙洞是一个石灰岩地质结构的喀斯特溶洞，形成于亿万年前的地质变化过程中。大自然的鬼斧神工，造就了今天神奇的洞天世界。

如同众多地下溶洞一般，鱼龙洞至今不知其深远究竟几何，目前探明长度5千米，人迹可至处不及2千米。入洞，初极窄，复开阔，窄处八尺，宽者几丈，放眼洞天世界，气势磅礴，宏伟壮观。

鱼龙洞洞内有洞，洞上有洞，洞洞相连，其洞中有“四海”——东海、南海、北海、西海；有“十一宫”——莲花宫、月宫、庆喜宫、鲤鱼宫、玉寝宫、白鳝宫、点将台、犀牛宫、藏乐宫、天宫、聚宝宫。

洞内奇石纷列，形态各异，形神逼真，惟妙惟肖。或如莲花绽放，或如众僧朝圣，或如钟鼓盘地，极为传神。海狮戏鱼、东海观音、犀牛头、骆驼等钟乳石也形神兼备。

洞内有一条清澈的地下河，游鱼龙洞，可徒步浏览，也可乘舟漫游。水也是鱼龙洞的灵气所在。这条常年流淌的地下河，不知其源。清浅处可见小鱼游动，深处如临深渊。若游人乘筏进入，时而碧波荡漾，时而急流险滩，忽而山穷水尽，忽又柳暗花明，有如入桃花源之意境。

穿行在曲折蜿蜒的洞中，奇妙的景色与水声、波光、灯影交织在一起，扑朔迷离，意趣横生。

鱼龙洞有“两绝”，为其他溶洞所罕见。入洞后不远，游人就能看见千万只蝙蝠倒挂在头顶的洞壁上，蔚为壮观，同时让胆怯者心悸。洞中另一绝，即为洞中之墨石。墨石通体黑色，闻之芳香，因水汽浸染，用手指沾之，便可在洞壁上写字，且永不褪色。

鱼龙洞早在600年前就是游览胜地，这在《石台县志》《徽州府志》《池州府志》《九华山志》中均有记载。唐代著名诗人杜牧、李商隐、杜荀鹤等都在此留下了精美的墨迹，明代毕锵、何尹等达官贵人、文人墨客也到此写下诗篇，增添了鱼龙洞的文化气息和韵味。

唐代大诗人李商隐来到鱼龙洞，在洞壁上留下石刻，至今尚在，诗言：“石径险且寒，磬声如远钟。又若山林外，双屐声冬冬……”读之，让人在漫想中穿越，感受千余年前鱼龙洞的幽秘静雅。

“洞口桃千树，花开不计春。落花随逝水，疑有避秦人。”明朝宣城籍状元沈懋学的这首《鱼龙洞》，则不免让人想起陶渊明笔下的桃源胜境。

而明代诗人何尹的诗句“清泉出幽壑，红日映苍岩。绝妙鱼龙洞，尘壤别一天”，可以说是对鱼龙洞最贴切的描述，其景其境就在眼前，千百年不曾改变。

穿行在鱼龙洞中，观赏各类“奇形”“异景”，你不得不对天地造化产生无限的敬畏。大自然用亿万年时光创作的这些“作品”，人类应懂得珍惜。

77 太极洞：洞中万象观太极

太极洞档案：

太极洞有“东南第一洞”的美誉，坐落于广德县，为国家地质公园、国家AAAA级风景区。明代大文学家冯梦龙把太极洞誉为“天下四绝”之一。

太极洞坐落于广德县城东北新杭镇境内的石龙山腹部，与江苏省宜兴县、浙江省长兴县山水相连，田园交错。它是以奇特的岩溶地貌——岩溶洞穴景观为主的中型岩溶地质公园。

太极洞一说因“洞面有纹，类太极图”而得名；一说因其洞口有一丈余白色钟乳石，悬垂于半空之中，似人银须垂足，稽首合掌，肩披鹤氅，酷似太上老君而得名。而太极洞古名颇多，或称太极真境，或称广德埋藏，或称长乐洞。在两

广德太极洞，洞面有纹，宛如太极图

奇幻仙境

汉时即已成为旅游胜地，宋明时声名益著，被视为人间奇景。

整个太极洞游览区洞外面积 2 平方千米，均由低山或岗地组成，洞门两侧低丘绵延。它呈“八”字形展开，洞门正面为一开阔平坦的谷地，谷地内有一砚池湖，水面面积约 1.8 万平方米，洞的四周竹海茫茫、群山环抱，有大小山峰 20 余座。三界山异峰突起，山溪纵横交错，流水潺潺。

太极洞壮观、险峻、绚丽、神奇，素有“东南第一洞”之美誉，明代大文学家冯梦龙还将其列为“天下四绝”之一。

太极洞为石灰岩溶洞，已探明开发的洞长为 5.4 千米，由上洞、下洞、水洞、旱洞组成。其洞中有洞，洞洞相通，构成了一个险峻壮观、神奇绚丽的大洞天。各洞中均有神姿仙态的钟乳石，构成了光怪陆离、变幻莫测的景观，令人眼花缭乱。

其十大景之一的“滴水穿石”，是太极洞内一块状如卧兔的石头，正中间有一个光滑圆润的小洞。这个小洞是怎么形成的呢？原来在这块石头的上方，有水滴接连不断地从岩缝中滴落下来，而且总是滴在一个地方。几百年过去了，几千年、几万年过去了……水滴锲而不舍，日滴月琢，终于洞穿了这块石头，成为今天太极洞内的一大奇观。它揭示了自然、时间和坚持的力量，给人以启示。

太极洞是一处岩溶地质遗迹，形成于两三亿年前。公园集溶洞、干谷、天坑、泉水、岩溶洼地、塌陷漏斗、地下暗河、岩溶湖、古生物化石等地质遗迹与古代人文景观于一体，融科学价值与美学价值于一身，受到无数古今中外游客的青睐。

据民间传说，汉光武帝刘秀、明太祖朱元璋、清朝乾隆帝弘历都到洞中巡游过，并有遗迹依稀可寻。其中刘秀避难的卧龙桥、朱元璋的屯兵积粮处、弘历的弈棋处为今日之人文、自然相融的景观。

自汉唐以来，太极洞便有文人雅士、达官贵人等游人遗迹。宋、元、明、清之际，很多名人倾慕而至，他们挥毫于青史，题刻于岩上，在太极洞天壁上和洞内摩崖石刻上留下了珍贵的墨宝。初步查明，还存有赞誉太极洞的十首古诗和一万余字的三篇古文游记。

有文字记载，东吴大将吕蒙任广德令时曾多次到太极洞探幽；宋相范仲淹初入仕途到广德为官，任司理参军，也经常到太极洞访古揽胜，抒发壮志，并留有墨宝“跫然岩”碑刻一块和洗砚涤笔的砚池湖遗址。

太极洞险峻、神奇，人文历史和传统文化厚重，其洞及周边，也是古今兵家征战之地。这里曾是南宋岳飞抗金的古战场之一；抗日战争期间，新四军也曾在此活动。

太极洞之生成、之景象、之原始，合太极之道，生万象之姿，成古今奇观。

78 蓬莱仙洞：山水壁画绘仙境

蓬莱仙洞档案：

蓬莱仙洞坐落于池州市石台县贡溪乡杜村。该洞全长3000余米，总面积2万多平方米。其中，天洞内的立体国画“山水浮雕”，令人称奇。

石台县素有溶洞之乡的美名，见诸地方典籍，有名称的溶洞，就有100多个。而在这众多的溶洞景观中，蓬莱仙洞可称得上是佼佼者。

蓬莱仙洞又称罗汉洞，旧名沈家洞，位于石台县城东9千米贡溪乡杜村的杉山下，此处为晚唐著名诗人杜荀鹤的故乡。

据说，很久以前，蓬莱仙子神游人间，钟爱这里的山水秀丽，于是不再回海上圣境，而仙居此洞。蓬莱仙洞也就因此而得名。

洞外山清水秀，洞内景观奇特，内外景致交融，令人陶醉，因此有“黄山归

来不看岳，蓬莱归来不看洞”之说。

“天开玉洞欲为题，此地桃源路不迷。千叠岚光浮碧落，百盘石磴接丹梯。晓看真气双龙合，晚眺仙台万象低。他日山灵终不负，吾将从迩结幽栖。”这是明代名人沈懋学写下的一首《蓬莱洞》，诗中描述了当时蓬莱仙洞及周边的美景，以及向往在此结庐幽居的心愿。

很久以前就有古人来蓬莱仙洞寻幽觅胜。万历年间的《石埭县志》中，蓬莱仙洞被称为“蓬莱第一洞”，志中记述：“入其中，宽广可容数百人。中有‘积翠台’‘莲花柱’‘华盖岩’‘夕照光明’，五彩烂然，苍碧错列，奇不可尽述。”

蓬莱洞中的石壁上，有明代以来的题咏石刻多处。其中在巨大的钟乳奇观“落地金钟”旁，刻有一首清末秀才汪琴北在甲戌年（1934）所写的诗：“古洞苍然披紫烟，何年此地住神仙。我来不敢高声语，恐有群真下九天。”

相对于现在探明开发的实际深度而言，当时志书中的记载和诗文所描述的内容，只是局限于蓬莱仙洞地洞的景物，所谓“然力不足者，亦不能至也”。真正使蓬莱仙洞“名扬天下”的当属天洞的被发现。

据初步考证，蓬莱仙洞洞体的形成距今已有9000多万年的历史。它是一个

多层次、多阶段、多堆积形态的大型溶洞，分天洞、中洞、地洞、地下河四层结构，造型奇特，曲折回环，气势恢宏，佳景遍布。

蓬莱仙洞地洞有形态各异的巨石，淙淙不绝的地下河，9 米多高宏伟壮观的巨型钟乳“落地金钟”。地洞长廊是沿着地下水的流向被冲击、溶蚀而成，委婉曲折，神秘幽深，顶部是拱形结构，十分牢固，且表面光滑平整，如同人工粉刷过一样。

蓬莱仙洞最底层是地下河。这是地下水在溶蚀成天洞、中洞、地洞之后，继续向底层岩石冲击，溶蚀而成的一条间断性的地下暗河。专家多次探查蓬莱仙洞中的地下河，始终找不到源头，摸不清去向，只是在别处发现过另一河段。它像是一条来无影去无踪的地下潜流，让人无处找寻。

从地洞到中洞，要攀登一段石阶。中洞遍布精美的钟乳石群，若物若人，惟妙惟肖，有“东海龙宫”等多处胜景。其拱形顶部，像一条倒悬着的河流，委婉曲折，波涛滚滚。此处因直通天洞，故被命名为“通天河”。这条倒悬的河流是如何形成的呢？原来，当地下水溶开天洞口的石灰岩以后，强大的水流直冲中洞而来，在洞中“一线门”处的石岩尚未溶开之前，相当长的一段时间内，地下水就在这一段滞留、晃动、溶蚀，终于溶成了一段曲折的空间，一直等到“一线门”处被溶开之后，地下水才直奔地洞而去。“通天河”两边有明显的几道被水溶蚀的痕迹，都准确记录了当年地壳抬升的次数和高度。

从中洞到天洞，要攀爬陡峭的“天梯”，这是洞中最陡的一段路。史志记载的古蓬莱仙洞也到此为止。中洞以上的天洞部分，是在1984年开发中被发现的。在天洞口，有一块圆柱形巨石堵住了洞口，其实这是天洞中一个被地下水冲塌的大石柱的底部。因了这块巨石的堵塞，古人未能发现天洞这么一个奇绝天下、美轮美奂的仙境。

进入天洞，一个宏大绮丽、曲折幽深、景观奇异的世界，展现在我们的面前。天洞中的“王母瑶池”，是整个蓬莱仙洞的最佳景点。只见粉红色的钟乳石上端坐着一位体态丰腴的女子，她薄施粉黛，身着金缕玉衣，娥眉轻舒，面如满月，宛如刚刚出浴的王母娘娘。她身后是笼着白纱的玉床，线条柔和，洁白透明，酷似天宫中的罗纱帐；身旁月牙形的池内，一群仙女正在沐浴，风姿绰约，栩栩如生。

“王母瑶池”中的“罗纱帐”，与天洞内的立体国画“山水浮雕”、如银似玉的“天丝”、自然造化的“千佛山”，一起被称为“蓬莱四绝”。

“罗纱帐”，浑如帐幔，从洞顶直垂到溶洞底部，因其洁白如玉、晶莹剔透，故名。这种高纯度碳酸钙结晶体在地质学中被称为“石盾”，像蓬莱仙洞中这样大体量的“石盾”，当是国内仅有、华东唯一。

“山水浮雕”，又被称作“天然壁画”。这是一个巨大的岩体溶蚀景，景中楼台亭阁，山环水绕，逶迤起伏，仿佛人工精心雕琢而成，令人称奇。

天洞及其“四绝”等景观的发现，使蓬莱仙洞从一般的观赏层面跃升了一个新高度，让蓬莱仙洞在天下溶洞中有了“鹤立”之势。

79 紫微洞：深邃天成有“四绝”

紫微洞档案：

紫微洞位于巢湖西的紫微山上。洞内有“四绝”“三奇”景观。“四绝”为天沟、天板、天漕、玉螺帐，“三奇”为铁索寒桥、双井开天、地下长河。

巢湖市北郊，有山名紫微。山不高险，却与周围的马脊山、大尖山、万家山、凤凰山相连并被环抱，显得深幽隐蔽。

相传春秋时，周灵王太子王子乔曾在此隐居修炼，后来道家弟子为纪念王子乔，便在山中盖了座道观，以天上星宿紫微命名。后人又因道观之名而称此山为紫微山。

如今，紫微道观早已不存，今人在其旧址上建起一座禅院，名报恩寺。晨钟暮鼓，梵音袅袅，也是一派庄严气象。

紫微山又名金庭山。康熙十二年（1673）所编《安徽府州县志·巢县志》记载：“去巢县北关金庭山之西，王乔尝居于此。”《云笈七签》卷二十七《洞天福地部第十八·金庭山》云：“在庐州巢县，别名紫微山，属马仙人治之。”紫微山也因此被称为“道家七十二福地的第十八福地”。

“金庭曲水”曾为古巢八大景之一。因金庭山下有泉四季不绝，泉水在嶙峋的山石间流淌。

紫微山因两口天然溶洞闻名遐迩。一曰紫微洞，一曰王乔洞。如今，紫微洞是国家AAAA级旅游景区，王乔洞石窟则是景区重要景点。

步入紫微山，景区大门有一副楹联，上联是“紫气腾盈纵横十里生秀色”，下联是“微风荡漾经纬万方蔚雅怀”。

紫微洞又称双井洞，因洞有大小两个距洞底近30米的天然井状入口而得名。此洞总长3000多米，主洞达1500米，岔洞盘绕紫微山，纵横交错，至今无法探明。洞穴呈廊道状，以雄、奇、险、幽见长，融自然景观、人文景观于一体，被誉为“江北第一洞”。

洞中迂回盘桓，跌宕起伏。这里钟乳纷呈，石柱林立，怪石嶙峋，洞中匿洞，洞洞相通，洞下生河，洞上飞瀑，真是宏伟深邃，奥妙诡谲。

南宋时期，潜山人朱翌与秦桧不和，便寄情山水。他在《游紫微洞》中写道：“堂堂胜境久潜幽，经始耡荒用我谋。日照洞门开户牖，霜飞暑路索衣裘。鞭笞鸾凤天将近，弹压山川酒不休。大费骚人题品力，薜萝俱挽入雕锼。”

王乔洞位于紫微洞南，以摩崖石窟为特色，是江淮之间唯一的石窟艺术宝库。相传春秋时王子乔（姬姓，名晋，字子晋）以直谏被贬为庶人，曾栖身修道于此。

王乔洞石窟造像乃天然石灰岩溶洞，呈半月形，两头有洞口相通，状若城门。全洞长57.6米，南宽北窄，底部平坦。洞内两壁有隋唐浮雕佛像和动物五百几十尊，形态各异。

石壁上还有石碑6块，最早的为北宋绍圣二年（1095）所刻。其中一块具有非常高的历史价值和文物价值，学术界称为“叠映碑”。叠映碑是指原本底层已有碑刻，后来又刻上新的内容，外层碑刻和底层碑刻叠在一起，成为双重碑刻。东岩壁上洞口，有嘉靖年间所刻的“王乔洞”三个楷书大字。

王乔洞虽没有中国四大石窟那么雄伟壮观，但洞内石刻以小见大，为中国佛教石窟艺术的袖珍版。

紫微洞

龙泉洞：泉吟古韵多幽深

龙泉洞档案：

龙泉洞位于宣城市水东镇，是皖南著名的风景旅游点，与广德的太极洞齐名。据专家考证，龙泉洞约形成于300万年前，为石灰岩溶洞。

宣城市的龙泉洞，又称窑头洞，位于水东镇以东4千米的碧山脚下，为皖南著名的风景旅游点，与广德的太极洞齐名。

据专家考证，龙泉洞约形成于300万年前，为石灰岩溶洞。洞内规模宏大，气势磅礴，曲折幽深，怪石离奇，犹如一件匠心独具的艺术杰作。

据传，一位高僧带着他的弟子云游天下，想寻找一块风水宝地建寺传道。某日，他来到宣州碧山，发现这里三峰环抱，像一把太师椅，且山间有洞，洞有泉水涌出，认为这里就是龙潜之所和“龙吐水”之地。于是他在此结庐化缘，建龙泉寺，寺后之洞也就因此得名龙泉洞。

清代中期，龙泉洞口堵塞，龙泉寺也渐渐衰败，最后沦为残垣断壁。直到

龙泉洞神兽厅

1978年，当地大旱，农民在山野间寻找水源，意外发现了山坳里的龙泉洞。于是，龙泉洞得以重见天日。

龙泉洞壁存有历代名人、游客题词28处，但由于岁月沧桑，多数已辨认不清。其中，南宋许荣萱题词，为《西江月》。此外，还有南宋开庆元年（1259）徐士鸿的题诗："层层怪石几千年，曲折幽通趣自然……"这证明早在760年前，就有游人来此洞府探奇寻幽。

"洞府三天外，灵开古佛堂。神龙降钵底，万载古泉香。"明代诗人罗汝芳的诗句，或可作龙泉洞风景区的简要概述。

目前洞内可通行的路线长达3000余米，最宽处30米左右，空间8万多立方米，天然景观200多处。内有七层，修建有台阶、云梯等。

洞内石钟乳、石笋，石柱、石帽遍布，或形神惟妙，或晶莹瑰丽，令人目不暇接。洞中还有一种世上罕见的鹅管石，具有很高的观赏价值。灯光与自然之景交相辉映，七彩绚烂，如梦如幻，宛若龙宫仙界。

进龙泉洞，看自然之神奇，临缥缈之仙境，悟时光之幽远；出龙泉洞，看山峦起伏、林木苍翠，听泉水潺潺、鸟语啾啾，宛如来了一场天地穿越。

泉洞周边山野廊台蜿蜒，楼阁参差，掩映于茂林修竹之中，若是登高俯瞰，宛如一幅画卷。山下不远处的水东古镇，也可纳入视野。青石板铺成的街道两侧，是清一色的徽派建筑，青砖、黛瓦、木檐、马头墙，与光滑的青石板街道一起，使得老街满是悠悠古意。

探龙泉古洞，行水东老街，几分沧桑，几分古朴，几分祥和，几分遐思，几分沉吟……

81 神仙洞：音韵萦绕“仙乐宫”

神仙洞档案：

神仙洞风景区位于青阳县陵阳镇三溪村境，是安徽“两山一湖”（黄山、九华山、太平湖）之间唯一的贯穿型溶洞景区，又是国家级地质公园。

神仙洞古称玉华洞，相传窦真人、张果老及陈抟老祖等道家先祖曾先后来此游历，并在洞中修炼，悟真得道，故名神仙洞。据此传说，后人在景区洞口修建了一座三清观，供奉陈抟老祖等道家仙人。

神仙洞是一个喀斯特地貌的石灰岩溶洞。洞中全长2500米，分五大景区，上、中、下三层，有100多个景点。洞内钟乳林立，千姿百态，绚丽壮观。

洞内通道呈立体交叉状，洞中有洞，洞洞相通，一步一景，奇妙无穷。音韵萦绕的仙乐宫、玉柱林立的塔林群、曲径通幽的神迷宫、气势壮观的乾坤殿等洞内奇观，令人赞叹。

“归云堆洞口，落日系峰头。石叠溪尤浚，猿啼山亦幽。”这是明万历年间青阳知县苏万明赞美神仙洞及其周边美景的诗句。进入神仙洞，原始粗犷的洞体、晶莹剔透的钟乳、鬼斧神工的奇石，营造了一个神奇梦幻的大千世界，给人身临仙界、飘然脱俗之感。

神仙洞景区山灵、水秀、洞奇、景美。近有三溪河水缠绕，远有九华山峰巍峨，山侧有神龙峡谷，山下有千年古村错落，真是风光宜人之处，物华天宝之地。特别是景区内的三溪河，河道蜿蜒，水流淙淙，给山野和洞天增添了一份灵气和韵味。其两岸青山相映，景色秀美，宛如一幅丹青画卷。

站在半山之上的神仙洞洞口，听梵音袅袅，闻清新之气，遥望九华山，近赏三溪水，真有心旷神怡、宠辱皆忘之感。

唐代诗人李白诗云：“仙者五六人，常闻此游盘。溪流琴高水，石耸麻姑坛。白

神仙洞钟乳石

龙降陵阳，黄鹤呼子安。羽化骑日月，云行翼鸳鸾。下视宇宙间，四溟皆波澜。汰绝目下事，从之复何难？”李白此诗为登敬亭山而作，他的描绘令人玩味：人世间的胜境，只要你心之所向，夫复何难？在神仙洞，更会让人如入仙境，大有羽化成仙之感。

大王洞：洞中有洞叹观止

大王洞档案：

池州市大王洞位于青螺山与仙踩尖山麓，古称“穿山洞”。因宋代诗人滕子京与梅尧臣在此洞赋诗唱和而名传千古。国家 AAAA 级旅游景区。

大王洞风景区坐落于风景秀丽的长江南岸，是皖南国际旅游区及“两山（黄山、九华山）一湖（太平湖）”核心旅游圈中一颗璀璨的明珠，一个融山、水、溶洞、人文景观于一体的大自然艺术珍品。

整个景区雄伟、险峻、清幽、神奇，令人流连忘返。风景区由天桥奇观、神仙河谷、大王洞府和大王湖区四大景区组成。全长 3500 米，主干线长 2200 米。

洞内潺潺水声不绝于耳，钟乳奇石目不暇接，且洞中有洞，洞中有楼，洞与洞相连，楼与楼相望，洞府奇观堪称天下溶洞的“大王”。

洞外是一山间盆地，四周山石如城。盆地外沿，是曾使李白流连忘返的秋浦河，河旁有南朝梁昭明太子萧统的钓鱼台。

大王洞，又称“穿山洞”。这有一段历史传说。相传，盛极一时的唐王朝衰亡之后，五代十国群雄纷起，天下大乱，战火遍及神州大地。宋太祖赵匡胤在马背上南征北战十八载，平灭了诸雄，统一了天下。但是，北汉刘承钧以“汉室正宗”自居，称“忠祐大王”，仍坚持抵抗，终因寡不敌众，败退至秋浦青螺山一带，陷入四面环山的绝境。在欲进不能、欲退不得的危急关头，狂风大作，一只白犬在半空中化作一条白色巨龙，一头撞向青螺山，留下了一个巨大的岩洞。忠祐大王绝处逢生，赶紧领兵进洞避险。“白犬化龙，穿山成洞”的传说在当地广为流传，故而当地人称这山谷盆地为“穿山畈”，称山洞边的村庄为“穿山村”，尊穿山洞为“忠祐秋浦胜境大王洞”。

据考证，大王洞形成已有两亿多年。地层多次运动以及水从缝隙中不断向下流动，使裂隙不断扩大，并将彼此相互孤立的溶洞连为一体，形成一条暗河流域；加之碳酸钙的水质使溶岩不断发育，因而出现了地下奇观。

大王洞从下洞到上洞依次有银河、瑶池、仙园、龙宫、凤殿，一条称作“神仙濠”的地下河贯穿景区，总面积达10万平方米，规模宏大，气势浩荡，雄伟壮观，奇景天成。

洞中有石钟乳、石

笋、石柱、石莲花等千姿百态的奇观，还有瀑布、地下河、钙化池等和水相关的景致。

大王洞的下洞外有大王湖；上洞外是霖雨峡谷，峡谷中植被茂密，空气清新。沿峡谷上行一至两千米，是一座天然岩石形成的高达52米的桥，蔚为壮观。

早在北宋年间，就有著名诗人梅尧臣和名人滕子京同游探幽，赋诗唱和，留下了千古绝唱。滕子京的《题穿山洞》曰："洞户千年叫不开，白云无主自徘徊。只因种玉人归后，一闭春风待我来。"梅尧臣的《和滕公游穿山洞》曰："洞口水石浅，潺潺泻绿蒲。缘溪进岩窦，阴黑人境殊……老僧长松下，麋鹿与之俱。溪云时见起，山鸟自相呼。羡尔得兹乐，何用劳形躯？"

赵朴初为"大王洞"题写了洞名，艾青、臧克家、贺敬之等诗人都赋文赠墨。大王洞以它特有的雄姿、迷人的风采和洞中奇观，吸引了一批又一批中外游客。

83 泊山洞：晶莹世界耀眼帘

泊山洞档案：

泊山洞位于无为县城西南的下泊山，地处无为、庐江、居巢三县市交界处，洞内钟乳石花触目皆是，大小不一，形态各异。

在无为、庐江、巢湖三县市的交界处，有一座并不高大的山，名下泊山。据《徐霞客游记》记载，泊山因在白湖之畔，常有来往船只在此停靠，故称下泊山。它与北面的周家大山、雾露山，南面的岳山、油榨岭连成一线，形成一条南北走向的山脉，为低山丘陵地貌。

下泊山虽称不上险峻高大，却因山中有一溶洞而闻名于世。泊山洞发现于1993年。探险者进入洞中后，立即被眼前的景象惊呆了，洞中钟乳林立，石花

奇石

遍布，琳琅满目，美不胜收，简直就是一个地下水晶世界。

专家考证，泊山洞是形成于二亿四千万年前的古老石灰岩溶洞。下泊山的石灰岩是海底沉淀形成，后随着地壳的变迁，不断抬升成为现在的样子。而洞里的自然景观也形成四五十万年了。

泊山洞不是一条回廊长道，而是分为上、中、下三层，洞深500多米，因其洞中奇妙的钟乳奇观，被誉为“江淮独秀”。

进入洞中不远，就感到与外界温差巨大。夏日入洞，时久遍体生寒；冬天进洞，暖气熏人，衣难裹身。泊山洞之奇绝就在其钟乳石花。它不似其他溶洞那样分散，而是满洞皆是。洞里的钟乳石大小不一，形态各异，若人形佛像，似飞禽走兽，如藤萝蔓挂，像冰川雪岭，令人震撼。

洞的下层有许多石花，它们多“长”在洞体峭壁上，铺天盖地，络绎不绝，这在我国同类溶洞中很少见。洞中生长着许多晶莹的石枝、洁白的石旗、精美的石花，据说形成也已有15万年以上。精美的石花在霓虹灯的照耀下，色彩斑斓，如朵朵奇花，争奇斗艳。

泊山洞的洞道高低起伏，幽邃曲折，时而狭窄崎岖，时而宏大开阔，移步换景，目不暇接。洞的下层有无底潭，深不可测。其水清甜可口，经地质专家检测，含有大量对人体有益的矿物质，属高钙低钠含锶重碳酸型优质矿泉水。

泊山洞中有石形称“黄姑出嫁”，以及洞壁上清晰可辨的“喜”字、“寿”字，梳妆台上的石晶玫瑰花、化妆品，都让这座增添了历史传说的水晶宫更加迷人。传说，黄姑是唐末农民起义军领袖黄巢的侄女，她自幼修文习武，少有大志。黄巢起事后，她和兄长黄浩一直追随叔父转战两江、两湖等地，屡建奇功。后起义军失败，黄姑于下泊山结庐潜修，与军师李俊儒就在下泊山下的一个村庄中举行了婚礼，并终老于此。黄姑死后，当地人民为了纪念她，在山的南麓修建了三间祠庙，名曰姑神祠。现在，下泊山的西面，还有黄姑村和黄姑古镇。

泊山洞可以说是一座美丽的地下艺术宫殿，也是一座科普洞穴知识的博物馆。

84 茅仙洞：洞中无仙有奇观

茅仙洞档案：

茅仙洞景区是“淮河风情游”的集散地，三面环水，淮河绕境而过，有峡石晴岚、茅仙古洞、寿唐烟雨、龙潭映月等八景。

千万年前，淮水滔滔东流，至淮南八公山西脉，与东西淝水相汇，一头撞向一座山——三峰山。滔滔洪水由此掉头，水绕山转，形成淮河唯一一段西流。不甘折服的洪水不断地冲刷击打着山体，并不高大的三峰山由此被磨砺得挺拔、陡峭而伟岸。

2000多年前，沉默而坚毅的三峰山终于迎来了一位“仙人”，由此声名鹊起。西

茅仙古洞

古腊梅

汉宣帝地节年间，一位叫茅盈的人在大汉的山水间行走。他要寻找一处仙境，修仙悟道。当他走到淮河边，一座临水壁立的秀丽山峰吸引了他。于是，他就此停下隐居洞中，潜心修炼。

茅盈还有两个弟弟茅固和茅衷，两人均在京城为官。二人听说哥哥觅到一处神秘之地，便追到三峰山，进入洞中，与兄长一起修炼。据传，三人最终在此悟道成功，仙游他方。

从此，这处山野绝壁上的幽秘洞穴，便被后人称作茅仙洞。据古籍记载："则茅仙洞者，遂萃类出。洞位于淮南距县治五六里。相传汉茅盈兄弟于此仙去，其迹沿革备志，乘列为风景之一，山不崇而秀，水不阔而文，石不巨而奇，林不深而蔚。"

茅仙洞在三峰山中峰的山腰处。洞门高约 2 米，进深全长 700 余米，越往深处越窄，到不可行处仍深邃不能见底。传说此是“无底洞”，可远通蓬莱仙境。

茅仙洞上建有三茅殿，洞下有一块几百平方米的平地，建有茅仙古寺。洞前危楼空峙，洞周叠翠流丹；临长淮之要津，衔青山之杰灵；倚山面淮，风景壮丽。

因了茅家三兄弟的事迹，茅仙洞由此成为道教圣地。人们在兄弟三人仙游后，建庙修观，始名元同庵。传说，其被太上老君拜为司命真君、定录真君、保生真君“三茅君”。

茅仙洞之名虽延续两千年，此处却并非一直奉“道”。后有僧人沿淮河而来，建禅院，塑佛像，定名为东林寺，佛音袅袅。到了三国，佛前香火湮灭，道教弟子又在此修行，改名长兴观。东晋、西晋时期，再改名为兴隆观。到了隋朝，有女尼到此，重新敲起了木鱼。这木鱼声穿越莽莽的山野和漫漫的时光，一直敲到了明末。因僧道更迭居住而数易其名的庙宇，直到清朝末年才定名为清天观。

茅仙洞景区久有八景之说，分别是：峡石晴岚、茅仙古洞、寿唐烟雨、龙潭映月、珍珠涌泉、东津晓月、紫金叠翠、八公仙境。世人未睹其景，仅观其名，就可想象它们的意境之美了。

八景之内，有几处古物不可不说。在双峰山的北麓，有古丹井一口，始建于西汉。清天观内，有两棵枝繁叶茂的古梅，相传为宋代诗人林逋所植。因林逋人称和靖先生，这两株古梅便称“和靖梅”。梅洞相映，历久弥香。

现双峰山悬崖之上还建有一座望淮亭。在探茅仙古洞、寻前古遗踪、叹岁月悠悠之后，可登亭临风，举目远眺，看云霞与百舸争流，淮水共长天一色。

85 韭山洞：变幻神奇福洞天

韭山洞档案：

韭山洞位于凤阳城南30千米韭山国家森林公园内，因山暖多产野韭而得名，距今已有5亿年的地质历史，为喀斯特溶洞。此洞早在1500多年前的《水经注》中已有记载。

韭山国家森林公园为大别山余脉——淮阳山系的一部分。地形分为南北两部分，南山主要以三峰山为主，多石灰岩，呈喀斯特地貌；北山主要以香炉峰为主，以石英岩为主，地势相对平缓。

韭山又名九山，亦称鸠山。而早在1500余年前北魏郦道元所写的《水经注》中就记载说："古阳陵县境内有石穴，不测所究，言穴出钟乳。"文中的石穴即韭山洞。南宋《方舆胜览》记，韭山因"山暖多韭而得名"。

韭山洞山门

藏兵百万

韭山洞距今已有五亿年的地质历史，其洞中世界，早就有古人探秘。据《濠梁志》记载：“洞水长流不绝，其石形如器物甚众，左右多唐人诗刻石，深崖中有石观音及石老人像。”

韭山虽然海拔不是很高，但在皖北大平原上的这片莽莽山峦中显示出虎踞龙蟠之势。因山深洞幽，这里曾是古代兵家的屯军之地。

方志记载，南宋时，抗元英雄王惟忠率众九万在此据山抗金，抗金义军在山上垒石为城，在洞中屯粮藏兵。元末，朱元璋也曾在此据山屯兵，并收编了华云龙等农民起义军力量，随后南下，征战大江南北。

南方的溶洞一般以钟乳石为主，其特点可概括为娟秀、精巧、玲珑剔透。北方的溶洞则以石幔见长，具有宽阔、粗犷、险峻神奇等特点。韭山洞属典型的北方溶洞，以深、大、险、奇、古而著称。洞内景点绝大部分为石幔，辅之石笋、石柱、石钟乳，各呈其形，千姿百态，蔚为壮观。

韭山洞内四面崖石犬牙交错，石幔重重。各种钟乳石、石笋等千姿百态，任人比拟测思，美不胜收。洞道宽窄不一、高低起伏，有时宽百余米，有时只可单

虎踞龙蟠

人通行，洞高处则达数十米。人在洞中行走，左转右拐，时见洞中藏洞。

目前，开发的主洞分为虎踞龙蟠、摘星揽月、峡谷幽深、清流碧影、玉溪泛舟五大景区，重要景点有 20 多处。其中“虎踞龙蟠”是王惟忠和朱元璋备战屯兵的主要地段。

韭山洞景区生态环境较好，每年六月左右，洞边水域会出现大量的桃花水母。桃花水母又称桃花鱼，是地球上最原始、最低等的生物，距今约 6.5 亿年，被称为生物进化研究的“活化石”。桃花水母对生存环境要求极高，活体罕见，有“水中大熊猫”之称。

神奇的自然景观，丰厚的人文景观，让韭山洞成为寻古探幽的一个好去处。

炮台

86 天龙关：鬼斧神工景天成

天龙关档案：

天龙关位于潜山市水吼镇，又名大关。该山因山势陡峭、峡谷幽深，形似天上飞龙而得名。天龙关自古是水吼的隘口，有“南天一关”“天柱山第一奇关”之称。

潜山市地处大别山东南麓。这里是京剧鼻祖程长庚的故乡，是长篇叙事诗《孔雀东南飞》故事的发生地，相传也是三国佳丽大乔、小乔的生长地。此地桑皮纸制作技艺被列入国家级非物质文化遗产名录。潜山天龙关景区也是电视剧《天仙配》和《孔雀东南飞》的主要取景地。

天龙关大峡谷景美气清，山幽瀑奇。峡内悬崖峭壁，山势险峻，宏伟壮观。谷底奇石、瀑布、深潭、冰川遗迹众多，地质古老奇趣，奇石形象逼真。

天龙关瀑布

“夜深闻水吼，日出见天龙”，天龙关山环水抱，刚柔兼济，清澈的潜河水奔腾不息，裸露的石床洁白光滑，游人徜徉其上，或诗兴大发，或拍照留念，流连忘返。

举目四望，青山叠翠。巍巍笑狮峰、凤凰峰，峻峭峥嵘。这里，峰林险峻宏伟，瀑布雄伟壮观，森林树种多样，充满神秘。山峰有庐山之秀、泰山之宏、华山之险、黄山之奇。峡谷则幽深多姿，主要景观有龙角岭、天龙角、天龙口、海狮采松针、鳄鱼出海、锦鲤冲瀑、双龟戏峡、天龙潭、天书奇石等，夺人眼目。

天龙关景区古树名木奇特，奇花异草珍稀。这里，灌木林海，百亩栗园，千亩竹海，花开四季。这里，奇石幽谷，山洞古泉，飞瀑成群。这里还有许多人文遗存，如周初古战场、英王陈玉英的跃马寨等。这里适宜进行攀岩运动，是安徽省攀岩运动训练基地。

可以说，天龙关景区是修身养性、休闲度假、举办会议、企业拓展、旅游观光的绝好去处，更是情侣见证爱情的宝地！

87 岳西天峡：瀑连九环天地幽

岳西天峡档案：

岳西天峡风景区原名为龙门大峡谷，占地14平方千米，为江淮分水岭的南坡，素有“华东第一大峡谷”之美誉。岳西县首家AAAA级景区、国家水利风景区。

大别山腹地的岳西天峡，以高品质的自然禀赋饮誉四方。

相传，汉武帝率文武百官南巡时，身边重臣桑弘羊迷恋峡谷秀美的风光，竟然乐不思归。汉武帝听他禀明此峡之美，大悦，遂赐名“天峡”。传说不必当真，但天峡之美是真的。

这里有“安徽第一大峡谷”的美誉，其内峭壁林立，流泉飞瀑，花木秀丽，形成了“原生态的山水田园”“高山湿地公园”“大别山天峡九连环瀑布群”三者融为一体的峡谷奇观。

疑是银河落九天

水墨天峡

天峡原生态的峡谷全长约 10 千米，垂直高度近千米，历经亿万年来的孕育和沉淀，经过多年的科学、合理开发，终于揭开了“梦里仙境”的神奇面纱，一展其惊世骇俗的非凡魅力。

天峡风景区的象形山石尤其独特，如仙人推磨、玉兔望月、天鹅抱蛋、天蟹石、天碑石、驮尖石俑等，栩栩如生；石瀑更为壮观，由山坡直泻而下，似天外来石；而华东地区最大、唯一一片保存完好的“百亩千年都支杜鹃林”和上百年的驮尖奇松更是吸引着八方来客；董家河、大鲵沟幽深曲折，溪水潺潺，大大小小的水潭镶嵌其中，好似一颗颗钻石，两岸林木茂盛，四季花果飘香。山间大瀑布高达百米，终年悬瀑千尺。

这里还有地道的山乡特产美食：如茅香粑，是用一种叫鼠曲草的植物的嫩茎叶，和米饭或面粉以及腊肉合制而成，口感咸香软糯，风味独特。此外还有岳西茭白、橡子豆腐干等。黄杨木梳也是这里的特产，不仅深受女性喜爱，还具有收藏价值。

走进天峡，就走进了一片清凉的世界，开始了一场自然之旅、生态之旅和心灵净化之旅！

石门峡：两峡夹峙多锦绣

石门峡档案：

石门峡是黄山东部卧云峰与布水峰之间的一道神秘大峡谷，峡谷纵深 10 千米，石奇、水丽，是世界文化和自然遗产——中国黄山的主要景观之一。

地质学家告诉我们，黄山在第四纪时期，先后发生了三次冰期。冰川的搬运、刨蚀和侵蚀作用，使黄山遍布冰川地貌景观。分布在黄山周边的峡谷奇特秀美，其中东黄山的石门峡就是一处保留原始自然状态的风景区。

石门峡是卧云峰与布水峰之间的一道神秘大峡谷，峡谷纵深 10 千米，谷内有千子河。因谷口两峰夹峙，峭壁如门，故得名“石门峡”。

石门峡地处黄山东大门谭家桥镇。谭家桥是片红色的土地。1934 年，中央苏区在第五次反“围剿”中遭到重创，为转移敌人目标，中国工农红军北上抗日

先遣队在这里与国民党军两个多旅激烈战斗，为中国革命史写下了悲壮的一页。如今石门峡谷口等地仍存有方志敏和粟裕等人的战斗指挥台遗迹，1984 年粟裕将军去世，部分骨灰也埋葬于此处。

来到石门峡，你不得不赞叹它的风光之美。这里是石的天下，这里是水的家园，这里是花的世界，这里是绿的海洋……奇峰异石、幽洞深涧、密林繁花、清泉飞瀑、亭台幽径，相互映衬交融，营造出一方世外仙境。

走进石门峡，可见山势巍峨，怪石罗列。行走其间，可见溪水潺潺，潭池密布。植被更是丰富，森林茂密，佳木繁荫，山花烂漫，野芳吐秀。这是一个以登山观景、探幽寻趣、攀岩戏水为主题的自然旅游风景区。

石门峡之美，首在其水之艳丽。峡谷中的水资源极为丰富，七十二岔，岔岔有水。缘溪而行，可以看到：玉女池明如水晶，醉仙池璨若流霞，玉蟾池美如翡翠，金龟池丽若彩珠，鲮鱼潭艳如锦绣，云崖瀑飘若绫绸……处处碧水荡漾，绚丽多姿。

石门峡之美，当在奇峰竞秀。沿峡谷，层峦叠嶂，群峰林立，风采各不相同：布水峰瀑飘如练，卧云峰随云现隐，百合峰五朵相拥，玉女峰五美并立，还有一品峰、五老峰、观音峰等，无不挺拔秀美，壮观锦绣。

石门峡之美，也在其奇石密布。路边、溪畔、林丛、山坡，或一块或一对或一片，或孑立或相拥或堆叠，千奇百态。你看，路边有双鲫迎宾，松间有金龟望月，崖上有仙女纤手，池中有玉女浴春……而那爱恋的相思猴，逗趣的唐老鸭，腾空的飞龙峡，幽长的一线天和安坐在峰顶的巨大神农像，无不惟妙惟肖。其中摩崖石刻多处，“石门天下秀”的巨大山壁、飞瀑从石顶飞跃而下的“缘”字石等，当是佼佼者。

石门峡之美，美在那漫山遍野的奇花异草。因景区原始自然、水源丰富、植被茂密、气候适宜，峡谷内野生的花草种类繁多，四季芬芳吐秀，为山野增色不少。因一年四季有竞相绽放的花草林木，石门峡又被当地人称作“百花源”。

“石门天下秀，黄山又一奇。”壮丽的山河，奇绝的风光，优美的传说，让石门峡大隐归来，靓丽出世。

89 司空禅峡：飞瀑流泉禅意生

司空禅峡档案：

司空禅峡位于大别山腹地岳西县店前镇白鹿村，与司空山近在咫尺，像一块未经雕琢的绿色翡翠，镶嵌在山野深处。

司空禅峡与司空山近在咫尺，经常年流水冲刷、地质变化，水碧潭清，奇石丛生，暗合禅意，故曰“禅峡”。这里有许多美丽的传说，其中白鹿的传说尤为感人，所以山谷下的村子名为白鹿村。

这里是禅的境界，佛的天地。一水一世界，一石一如来。在司空禅峡穿行，你会在大自然的造化里深悟禅意。

临近峡谷，便可听见谷内流水之声，音如弦乐。进入峡谷，顿感空气异常清新。飞瀑跌宕、潭水深幽、溪流蜿蜒，可谓千姿百态。山道曲折、怪石嶙峋、奇

花异草，美景目不暇接……

峡谷入口，一道别致的拦河堰呈现眼前，其上形成宽阔的水面，这便是千夫堰。一道道呈连环半月状的堰坝堆叠成阶梯。清澈的河水注入月圈，叠浪飞花，优美别致。水面上有一块块方言称为“难步”的踏步，直通对岸。所谓难步，难以步行而过也。还未入谷，司空禅峡就已将天地禅意昭示：人生之路，步步小心，脚踏实地，方得平安。

越过千夫堰，溯流而上，便是气势雄伟壮观的禅关。身临禅关，又有多少人能禅悟尘世的喧嚣繁华，参破天地机缘？或许，那即将面对的大自然，会给深入者真谛。

谷中奇石众多，多为象形石。有一鱼形巨石立于水中，后人在其上游建一圆形石门，应是“鱼跃龙门”之寓意。听经石形象逼真，再往上，有听经亭。静坐，观峡谷幽深，青山峭立，听山峦深处司空禅寺梵音袅袅，有渐入佳境之感。

一路坎坷崎岖，常临“山重水复疑无路”之境，却又生“柳暗花明又一村”之感。峰回路转间，大自然给予探秘者多少充满禅意的提示？正是在“疑无路”的迷惑中，一道石门为来者打开幽秘的林丛。过石门，是禅峡最惊险的地段。峡谷宽不过数丈，两边壁立千仞。绝壁上一条栈道附崖凌空，隐入云端。沿栈道攀登，至尽头，是百余米陡立石壁，再无前路。倚壁而立，山河入眼，长风入怀，神思飞扬，不免感怀：莫道前途再无路，禅悟一开天地远。

越是临近顶峰，景色越是精彩。飞瀑从上而下，落入深潭。从观景台举目四望，青山重重，峡谷幽深，天空辽远，禅音回荡。

90 翡翠谷：缤纷情人谷

翡翠谷档案：

翡翠谷位于黄山仙都峰与罗汉峰之间，池水或晶莹或翠绿，宛如颗颗翡翠洒落谷中，故名。峡谷中分布着大小彩池数百个，最大的彩池面积近1000平方米。

翡翠谷素有“天下第一丽水”之美称。“槛窗罗汉峰间水，满谷冲成翡翠池。惊起嫦娥来照影，千年沉睡展新姿。”描绘的便是此处。这里彩池景色秀美，池水晶莹碧透，池底砾石艳丽，谷中怪岩耸立，流水潺潺，美丽非凡。

翡翠谷分布着约100个大小不一的翡翠彩池，池池有异彩，正如百花争艳，朵

绿珠池

朵娇美。龙凤池在离谷口半里处，池壁为天然雕琢成的游龙飞凤，下部沉入地底，如龙潜渊，似凤濯羽。

玉环池在两大悬瀑之间，池中有一巨石突出，水环绕其周，像一只晶莹剔透的玉环。在这里，近看彩波粼粼，远观群峰竞秀；仰望上瀑如银河倾注，俯瞰下瀑如飞流泻玉。

霓裳池上有 20 米长的瀑布斜飘而下，底部依石散开，如舞裙舒展，彩虹飞动。图案池呈椭圆形，水面较整齐地排列着六角形蓝绿色图案，图边镶着彩虹，频频摆动，极有规律，甚为奇特。

马蹄池小巧别致，口径只有 4 寸，深不过 1 尺，却别具风情。其潭壁呈黄色，有枫叶状红彩纹，在碧水中显得特别美丽。

彩地群如串珠缀玉，天宫宝藏，不胜枚举。而彩色的成因很多，水之深浅不同，浅处嫩绿，深处青碧，最深处幽黑莫测，加之水质极清，能吸收较多的蓝绿光，所以主色皆如翠玉般可爱。同时，四周绿竹紫岩倒映，或水中叶影浮摇，晴天艳日之下，便闪烁着五光十色，而水池底石头形状怪异，颜色绚丽，水动石变，石

改水色，阳光照耀，百彩交织，媚态万千。

瑶池仙境用于形容翡翠谷的彩池再合适不过了，似乎神仙的身影就藏在每块怪石、每株奇花的背后，藏在每条碧波的纹理间，每缕烟霞的光晕里。凡是来过彩池的人们，都会经历一次心灵的对话和灵魂的洗礼！

白云从谷中上升，飞瀑从谷中直下，温泉从谷底涌出。天下奇山——黄山的灵气、仙气，似乎都赐予了这里。翡翠谷还有一个浪漫的名字，叫作“情人谷”。1988 年，来自上海的 36 位青年男女到黄山游玩，邂逅于这条峡谷中。那个时候景区尚未开发，道路坎坷，他们患难与共，也在此产生情愫，有 10 对情侣回上海后结成了终身伴侣，“情人谷”也因此得名。《卧虎藏龙》等影片也来此取景，竹梢打斗、池边恋爱、深潭寻剑、飞瀑踏波等情景即取于翡翠谷中。她幽静迷人，绚烂夺目，通过影像向世界展现着无限魅力。

翡翠谷，是彩色的旋律，瑰丽的诗章；是天下奇观，人间胜境；是色彩斑斓、变化无穷的画图。

91 芙蓉谷：丽池飞花瀑

芙蓉谷档案：

芙蓉谷也称春谷，位于黄山北大门。它是黄山北麓一道神秘的大峡谷，其间的彩色池潭，斑斓纷呈，娇艳如盛开的芙蓉。

芙蓉谷处于茂密的原始森林，远远望去都是一片深绿。这里群峰嵯峨，怪石罗列，众多形态各异的池潭碧如翡翠。

芙蓉谷的水源出自黄山芙蓉峰白马源、散花坞谷溪、丹霞溪和九龙溪，芙蓉溪也称春江，春江花月，春情脉脉，守护着芙蓉谷的幽深祥和。

芙蓉谷中有许多硕大如星的冰川潭砾交错溪中。每隔数米、数十米远便有一彩色池潭，波光丽影、斑斓纷呈，娇艳如盛开的芙蓉。

这样的池潭在芙蓉谷有 100 多个，大小不一，构成美妙的神话世界，充满着青春神韵。潭中或有巨石，半露水面，形似奇禽异兽。有的池潭边还有小瀑垂悬，流玉飞珠，飘雾醉人。沿谷中观景石道上行 5 千米，可至松谷登山索道站，乘索道可直达黄山山顶。这条旅游线路，是黄山北大门最美的登山旅游路线。

芙蓉谷的溜索充分利用地形高差，采用挂式滑轮与悬挂式安全带作为溜滑用具，使溜索形成双保险悬挂，自动加速、减速，一次到达对岸。当青山绿水以每秒 5 米的速度在眼前掠过时，俯视谷中美景，回味无穷。

芙蓉谷景区内住着 50 多位阿瓦人，他们来自云南和缅甸的黑佤族，同游客和平相处、一起嬉戏，尽展民族风情。也因此，这里有一个旅游项目叫“原始部落”。踏进原始部落的大门，一种原始幽深的感觉立即扑面而来。在这里，你能领略原始部落淳朴的民俗文化。景区内还设有各种休闲健身娱乐项目，令人百玩不厌。

92 燕子河大峡谷：奇山奇谷奇趣

燕子河大峡谷档案：

燕子河大峡谷位于金寨县燕子河镇境内，全长约 4800 米。河谷最高峰海拔 568 米，奇峡绵延，以险崖、奇石、幽谷、秀水而著称。

燕子河大峡谷景区内有奇石怪潭、险峰绝壁、陡崖飞瀑、云雾飘缈，这里保留着原始风貌，是难得的寻幽探险之地。

地质学家探究表明，燕子河大峡谷是在 2.6 亿年前的冰川时代因地壳运动而遗留下来。因此这里地质奇特，有奇坑、奇柳、奇瀑、奇洞，有趣石、趣潭、趣滩、趣谷、趣峡，故而被人们称为“奇趣相生第一谷”。

在燕子河大峡谷一座海拔600多米的山峰上有一座号称为“华东傲世奇坑”的天坑。坑的三面半皆悬崖绝壁，陡不可攀，站在天坑里仰头观望，只见云天，仿如天陷之坑。天坑三面石墙，十分壮观，如果站远一点的话就能看见一缕阳光从天坑中照射下来，让原本黑乎乎的大石墙有了丝丝神秘的色彩。

河道中有很多奇形怪状的石头。梦幻峡、忘情谷、八卦潭、奇石滩，一路都有流水、奇石相伴。可以说，天然奇石、石纹、石穴千姿百态，色彩斑斓；大大小小的潭、池、湖、岛，奇观胜景，令人惊叹不已，恍若步入人间仙境。奇石滩附近有听愿柳，古树的树枝盘结，造型奇特，树干里面却是空心的，用手敲击会发出声响。

燕子河大峡谷一直人迹罕至，生态系统保存完好，属亚热带落叶、阔叶混交林，物种资源丰富多样，四季景色不同。春天鸟语花香，万紫千红尽收眼底；夏天青山绿水，五光十色满人间。秋天花黄树赤，层林尽染一片红；冬天银装素裹，冰洁如镜漫山白。

景区还建了玻璃栈道，站在桥上，山间美景尽收眼底，而脚下又是奇石趣水，让游客有悬空行走的感觉。

天作地成，气象万千。燕子河大峡谷风光旖旎，变化神奇！

93 皖西大裂谷：天然关隘横峡谷

皖西大裂谷档案：

皖西大裂谷位于六安市金安区张店镇境内。它地处大别山脉，不仅景色奇特，还保存了许多历史遗迹，为国家级地质公园。

尽管最高峰金竹岩才海拔 266.4 米，山体不算高大，但皖西大裂谷地质地貌特殊，峰陡豁深，地势险要，许多人称它是“中国版东非大裂谷”。

皖西大裂谷地质约发育在 1.6 亿年前。在这里，巍巍山脉仿佛被一柄巨斧从中劈开，两厢峭壁撑天对峙，形成一条长约 2 千米的“V”字形狭长裂谷。裂谷内怪石嶙峋，千姿百态；青苔染壁，藤蔓盘缠。裂谷底部石阶蜿蜒，回廊曲折，泉水蜿蜒，清溪跌宕。

在峡谷中行走，时而一片秀竹如海，时而一排幽深洞窟。谷中野花绚烂，香草点缀，时闻鸟鸣啾啾，偶见小兽窜动，一派清幽、恬淡、深邃的氛围。

作为极具特色的地质景区，峡谷中的“三道闸”关隘，地势异常险峻，横亘谷中的天然关隘，至今几无一人能不依靠攀援工具而逾越屏障，其险要，真有“一夫当关，万夫莫开”之势。

“三道闸”，为当地民间对皖西大裂谷的俗称。大裂谷又名避王岩，其间历史遗迹众多。据《六安州志》记载，明朝崇祯年间，号称八大王的农民起义军领袖张献忠为避清军围堵，率部藏于此，遂得名。如今景区内仍存有三道关隘闸口、点将台、屯粮洞等一些清晰可辨的历史印记。

大裂谷入谷口处，为“一道闸”。南北山崖壁立，谷底难容一足，眼前是一层楼高的“天梯”通道。出了“一道闸”，抬头仰望南面半山崖，有一处月牙形的庞然大洞；拾级而上，一个能容千人的石洞展现在眼前，人们称为“石窟王宫”。

“二道闸”比“一道闸”更加窄长、更加险峻。即便刚刚还是阳光明媚，转瞬之间就会变得天昏地暗。抬头可见两崖撑天欲合，只有一线天光临空，这便是天设地造、极其美妙的“一线天”景观。

“三道闸”上下约有九米高，人行其上，落脚艰难，身后是万丈深渊，脚下是阴森峭壁，令胆怯者望而却步。穿过一个小水潭，隐约能看到悬崖峭壁之间有一条缝隙，名“地缝”。循着人工开凿的石凹，手脚并用往上攀爬，进入谷内，有一种豁然开朗的感觉。

皖西大裂谷

皖西大裂谷不仅是神奇的地质公园，因其曾经的险要幽闭，也保存了国内罕见的原始地貌。穿越大裂谷，在领略大自然鬼斧神工的同时，也会看到奇花异草、飞禽走兽。

皖西裂谷周边乡土气息浓厚，农家特产新鲜丰富。板栗、灵芝、葛根、黑木耳、笋干、蒿饼等当地特产琳琅满目。而山脚下的大片茶园，就是著名的绿茶六安瓜片的产地。

集合独特的地质风光、神奇的历史传说、优美的山野风貌，皖西大峡谷正被打造成一处集观光、探险、避暑、健身、度假于一体的极佳旅游目的地。

94 狼巷迷谷：神奇迷宫千岩秀

狼巷迷谷档案：

狼巷迷谷风景区位于凤阳县城东南 30 千米处，面积约 9 平方千米，景区分为古刹礼佛和迷谷探奇两大主题区。

狼巷迷谷位于凤阳的殷涧镇境内，因旧时此地常有野狼出没，故当地山民称此处为狼巷。景区内沟壑纵横、错综复杂，是一个天然的迷宫，因此命名为狼巷迷谷。

景区分为古刹礼佛和迷谷探奇两大主题区。主要景点有：禅窟古刹、禅窟洞天、玉泉净心、摩崖石刻、谷中黄山、天落石、狼牙巷等 50 多处。

狼巷迷谷风景区，最值得去的是禅窟寺。禅窟寺是一座佛家寺庙，传说建成

步入佳境

狼巷迷谷山门

于公元前 1 世纪汉武帝年间，比东汉明帝白马驮经的第一古刹——白马寺，还要早 200 余年。禅窟寺原名桃花寺，历经魏晋南北朝，寺名屡屡更改。据说，北宋时期，苏轼来此游玩，取“参禅旁窟居”之意，正名禅窟寺，并挥毫题写“禅窟古刹”，沿用至今。庙宇亭阁掩映于浓荫翠盖之间，颇有 “深山藏古寺”的韵味。

禅窟洞壁有摩崖石刻多处，是重要的人文景观。初步考证，现存石刻 17 处，真实反映了历代文人墨客对禅窟寺的钟爱。

狼巷迷谷内石灰岩形成于 5.4 亿年前的古生代寒武纪，地形独特，明谷暗涧均有，沟壑纵横，谷谷相通，回旋幽秘。就连那些生长在岩石上的树木也极具特色，虽历经沧桑，不那么挺拔高大，却能经得起风霜雪雨，不屈不挠，倔强地生长，显示出顽强的生命力。

由于地质构造及地貌形成的特殊，狼巷迷谷风景区既有黄山的清秀，又有华山的险峻，也有张家界的神奇。谷深处抬头望天如一线，谷浅处举目观山如屏障。其岩石千姿百态、形神兼备，有的似鳄鱼探路，有的如野狼挡道，有的层层叠叠如万页天书。灰褐色的岩石千疮百孔，苍劲朴野，凝聚着远古的风韵。

穿过几个窄谷，就会到达狼巷迷谷的核心地带。环顾四周，凹凸不平的道路，不辨方向的幽秘通道，而巷道的名字“晕头转向”“歪门邪道”等，更是让人不知

八相成道的地方

如何迈步才正确，不知到底哪一条通道能走出迷谷。据说，迷谷里没有死谷，都是相互贯通的。在谷中探幽，你会深刻体味到“山重水复疑无路，柳暗花明又一村”之趣。

走出迷谷，回首凝望，不免感叹，这错综曲折的谷道，真宛如人生，那面对的一个个路口，就如面临的是一个个抉择。

95 华东大裂谷：山涧幽深映悬崖

华东大裂谷档案：

华东大裂谷风景区行政区划隶属安徽省宁国市宁墩镇，位于皖浙两省交界的天目山北麓，面积 13.3 平方千米，大裂谷、大竹海、大茶园、大石浪为景区四大特色。

大自然的鬼斧神工和无穷造化，形成了华东大裂谷震撼人心的地质奇观。

《桃花源记》中有一段描述：“山有小口，仿佛若有光……复行数十步，豁然开朗。”华东大裂谷的景区入口，左右有两块天然巨石，虽不尽是古文中的景象，却将古文中的意趣照进了现实。

整个景区通体封闭，如世外桃源般幽静。山谷两侧，处处断崖绝壁，巨瀑高

震撼人心的华东大裂谷

挂。走在瀑布旁边，静静欣赏其壮美雄姿，如果再靠近些，可感受整个瀑布的水汽，不难想象，一年四季这里各呈异色，浑然天成。

宋代诗人陈与义写道：“江边终日水车鸣，我自平生爱此声。”水车是我国最古老的农业灌溉工具，是先人们在劳动的过程中创造出来的高级劳动工具。华东大裂谷的水车，能让人直观地感受到“小桥流水人家”的乐趣。这里流水潺潺不断，有返璞归真之意趣。

当到达观景台时，远眺美不胜收的裂谷风光，深吸一口气，顿感神清气爽，令人不禁感叹造化的魅力。大裂谷的确是不可多得的地质面貌，由于炽热地幔的上升作用，在地幔对流上升的地方上拱，呈穹隆状外形，引起区域性拉张，此处岩石不断变薄，最终导致穹隆轴部破裂而下陷，形成裂谷。

大裂谷的百丈崖栈道贴崖悬空，对探险猎奇者极具诱惑性和挑战性。勇者如履长空，心旷神怡；怯者胆战心惊，屏气挪步。至今历险探胜者络绎不绝。

这里也有松名迎客松。它恰似一位好客的主人，挥展双臂，热情欢迎所有宾客。景区不仅仅风景秀丽，而且时不时还能发现意外的惊喜，各种苔藓类、蕨类植物在这里扎根发芽，名贵花木在这里也随处可见。

宁国南极漂流是众多旅游爱好者的最佳选择，它属峡谷落差激情式漂流。漂流皮筏顺水而下，游人既可感受上下颠簸之趣，又可以在缓流段休整赏景，还可以击水嬉戏、结伙打水仗，全面放松身心。

大裂谷旅游度假疗养区是一个不可多得的好去处。早晨，在丛林鸟叫中醒来，在翠绿的山间用餐；晚上，透过露台看皎洁的明月和微闪的星辰，远离喧嚣，与自己的心灵对话，在山谷中体会生命与自然的奥妙。

96 鄣山大峡谷：巨石天成分吴越

鄣山大峡谷档案：

鄣山大峡谷位于绩溪县东南方，距县城22千米，是国家自然保护区。元末明初大学士舒頔在其《大鄣山游记》中记载了鄣山的奇特景观，景区建设就是以舒頔的游记为游路蓝本而设计的。

鄣山大峡谷东挽天目，西携黄山。据当地县志记载：鄣山古称三天子都、三王山、障峰。春秋时代，吴、越以此为界，其“世界第一单体巨石”百丈岩为天然的界碑。

据说，轩辕黄帝曾携容成子、浮丘公在此采药炼丹，故此地有“三天子都”之称，山中存有丹锅、丹灶、药研、丹勺等远古器具的同形化石。

鄣山风光之奇妙，首在其水。来自山巅天池之水，沿峡谷而下，形成喷涌、跌宕、回旋、蜿蜒之势，或汹涌澎湃，声震四野，或浅流淙淙，如琴慢捻，如一曲交响乐在山野演奏。

水色随山势、植被、光线等环境，在流动中变幻。有的翠绿，绿得天真；有的碧蓝，蓝得深沉；有的洁白，白如玉质；有的清纯，清如明镜……

峡谷中的水流与万千奇石相映衬、相依托，编织了无数的飞瀑深潭、银帘彩池，构成了“凤凰摆尾”“犀牛戏水”“银龙飞舞”“天门中开”等各具形态的自然景观。“葫芦潭”，惟妙惟肖，天工造化，澄碧的潭水从其上端的葫芦口喷涌而入，迸发出美丽的水花。

水绕峡谷流转，曲折逶迤，人在水上踏行，轻悠闲逸。这一道道、一泓泓清泉，涤尽了多少俗念凡尘。

鄣山风光之奇妙，离不开石。鄣山大峡谷可以说是一个神话般的奇石世界。或嶙峋，或圆润，或百丈擎天，或平卧浅水，或中流砥柱，或临水壁立，或形神兼具，或百怪千奇……不一而足。其中，仰首可视的百丈岩既是一块巨石，又自成

天门中开

一座山峰，2002 年 5 月 16 日，经上海大世纪吉尼斯总部批准，申报“世界第一巨石”,现已通过地质部检测证实。百丈岩是大约一亿年前中生代至新生代时期,一次断裂形成的花岗岩体，它高 460 米，如巨钟覆地，似宝鼎擎天，破云而立，雄伟壮美，又被誉为神奇的“中国天然金字塔”。

峡谷中的万千奇石中，有一座自然天成的伟人头像堪称一绝。石像坐落在谷底鄣水南岸亲水浅滩上，面朝正北方向，天设地造，出神入化。石像不远处还有一块左龙右凤图形的“龙凤石”。珍贵的是，这块“龙凤石”的中间是一幅中国版图，清晰鲜明。

伟人石像

鄣山风光之奇妙，得惠于生态之美。大鄣山是联合国生态示范区，森林覆盖率达 97%，是为数不多的联合国植物基因库之一，拥有 43 种珍稀名贵物种。在百丈岩附近，有一块花岗岩巨石，中间有节理，好似一顶巨大的皇冠，上面长着一棵遗世独立的黄山松，令人称奇。

若有缘，游客还可在百丈岩顶峰看见“佛光”。蔚蓝的苍穹下，云雾笼罩的百丈岩顶峰，那美丽的七彩光环，如诗如梦如幻，可让观者感到一种心灵的净化、一种超凡脱俗的喜悦。

元末明初大学士舒頔在其《大鄣山游记》中记载了鄣山的奇特景观。他感叹道：“虽获观其大概，终莫能畅然于怀。”

去鄣山大峡谷走走吧，畅情纵览其间，可一了古人之嗟叹，可一慰平生之山水情怀。

97 徽州大峡谷：步步惊心寻岩瀑

徽州大峡谷档案：

徽州大峡谷景区距黄山市 16 千米。景区内悬崖峭壁，蜿蜒曲折，群山连绵，飞瀑流泉，景色宜人。其划分为徽州峡谷漂流、源芳翠谷、仰山寺三大游览区。

徽州大峡谷，原名源芳大峡谷，位于黄山市休宁县仰山境内。

天下人大多知道皖南有黄山、九华山，还有齐云山，可能很少有人知道仰山。其实，仰山也曾是历史上的佛教名山，只是在漫漫的时光里渐渐湮灭了光环。明《仰山志》明确记载："吾郡盖有三神山兮，黄山大而嵲，白岳秀而奇，仰山幽而峻，三山鼎立。古来隆替人幻，为之翠微无恙也，黄山向同仰山佛道……"

相传，济公和尚曾在此修行，称之为仰山，取"高山仰止"之义。距今已跨越 1500 多年的历史。

徽州大峡谷景区有三大游览区，仰山寺为其一，此外还有徽州峡谷漂流和源芳翠谷。

徽州大峡谷

徽州大峡谷整个景区占地 1 万余亩。单一座仰山寺，即可见其历史文化源远流长，其天然景观，也是让人流连忘返。

许多人来到这里，一方面欣赏其峻丽的峡谷风光，一方面想体验徽州峡谷的极速漂流。漂流过程有波浪漂、S 型漂、冲浪漂、跳台漂、旋涡漂、逍遥漂等，实为漂流一绝。其特点可以用“险、绿、幽、趣”四个字概括。

漂流河道位于蜈蚣坑和上渔塘村之间，河道两旁险峰绝壁、柳树成荫，河道中怪石嶙峋、激流不断。

徽州大峡谷景区的最华丽乐章，在源芳翠谷。源芳翠谷以峡谷风光见长，长约 1500 米。谷里清溪奔流，潭池清澈，银瀑飞挂，乱石凌空。这些奇绝之景与山中的松竹草木互相交融辉映，构成一幅幅优美的画卷，真是“人在谷中走，如在画中游”。

在源芳翠谷，观飞瀑、闯深潭、走栈道、登山石，游客尽可体验大自然的无穷魅力。源芳翠谷口有畚箕湖，湖水清澈宁静，山上的绿植倒映在湖中，犹如九寨沟海子。之后一路登高，大大小小的瀑布依次出现在山谷里：玲珠瀑，大珠小珠落玉盘；飞灵瀑，来自佛教圣地仰山之水，涓涓不绝；桥下瀑，人从桥上过，水从脚下流；夫妻瀑，一左一右两股清泉汇集，再合流而下；彩虹瀑，每天正午时分，凡有太阳，瀑布均会出现彩虹奇观。还有龙须瀑、深潭瀑、二龙戏珠瀑等诸多瀑布，峡谷中简直就是一个瀑布的展廊。

继续向上攀登一段几百米长的陡阶，便到达峡谷的最高处。这时，更为壮观的一幕豁然展现在眼前——海拔近千米的仰山之巅，有一股瀑布从天而降，落差达 420 米。这道被称为“天瀑”的仰山瀑布让人真正体会到“飞流直下三千尺，疑是银河落九天”的气势。飞流跌落的巨大轰鸣声，既让人心惊震撼，又令人心驰神摇。

有旧诗这样称赞徽州大峡谷：“蜿蜒盘曲翠微深，环拱灵山只树林。百顷松涛惊到耳，千寻岩瀑恐经心。空山夜月啼猿梦，禅室春林唤鸟昔。时听钟声山外转，应持半偈涤繁襟。”此景此情，似千年不变。

灵山大峡谷：奇石险峰悟禅心

灵山大峡谷档案：

灵山大峡谷风景区坐落在广德县四合乡境内，位于黄山山脉和天目山脉汇合处，总面积39平方千米。境内水系西流，形成响水潭瀑布，以奇石、险峰、幽林、飞瀑闻名。

灵山大峡谷因山中千年古刹灵山寺而得名。灵山寺始建于隋唐，曾与杭州的灵隐寺齐名。相传，定光佛大慧宗杲禅师在此卓锡禅修。清末，灵山古寺规模宏大，有大雄宝殿、观音殿、地藏殿、祖师殿等，气势恢宏。庙中有很多石碑，隋末唐初李世民的军师刘文静、明代广德知州李得阳、清代工部营缮司主事陈锡、乾隆年间广德州学政周广业等人都在此留下了优美诗篇。现有唐代残碑诗曰：“万

灵山大峡谷——棋盘山

山回合白云深，古刹潇潇竹树荫。绝壁悬流高万丈，参天怪石拥千寻。登台长啸惊林麓，把酒高歌慨古今。一片花开春欲尽，东风啼鸟自知音。”可见当时寺深院大，气象非凡。

灵山大峡谷内涧水幽长，险峰竞秀，瀑群高悬，各种奇石星罗棋布。当地人称它为“小黄山”。

灵山大峡谷风光旖旎，融山、水、石、瀑、寺、林、洞于一体，自古以来就受到文人墨客和旅行家的青睐，曾有“灵山泉石甲一郡”之美名。其境内水系西流，形成云锦瀑、彩云溪、三连瀑、响水潭、神龟托经等众多自然景观。奇石也是姿态万千，如在灵山寺侧有一巨石，形状像钟，又像鼓，名为钟鼓石。

峡谷内山清水秀，小桥流水，亭台楼阁，风景如画，可沿崎岖蜿蜒的山道饱览谷中美景，也可乘舟漂流，亲水穿越。峡谷两岸山色秀丽，树木葱葱，原始自然的山水风光，令人心动。

在灵山大峡谷之间，有韦村古村落、吴越古道和纱帽山等构成的民俗景观区。古村、古道、古墓群、古庙、古洞、古屋、古井、古树、古水系等遗址、遗迹不断，古村落文化和民俗文化，让人重回韵味悠长的旧时光。

灵山大峡谷，是一处集原始自然风光和深厚文化底蕴的景区，在这里，我们可以领略大自然的神奇，既可体验返璞归真的农耕时光，又得到心灵的禅悟。

99 三溪大峡谷：瀑美泉灵田园情

三溪大峡谷档案：

三溪大峡谷位于休宁境内。景区内层峦叠翠，森林覆盖率达95%；境内潭幽涧长，瀑美泉灵，峰奇岩怪，尤其以“瀑多、潭幽”见长。

休宁岭南乡东北一片连绵的大山里，有一个古老的村落，叫三溪村。灰墙青瓦的徽派建筑掩映在青山绿水中，韵味悠长。村庄周边的群山之巅，孕育了几十股泉流。这些泉流沿山势而下，在村后的山谷汇聚成一条大的溪流，名大洪溪。大洪溪沿峡谷地势，由东至西，蜿蜒而下，在流入村庄后，再与寒冲溪、莲花溪的两股溪流汇合于水口，名三溪。

三溪水继续西去，经婺源流入鄱阳湖。而三溪大峡谷景区实际上就是三溪村后的大洪溪溪谷。

三溪大峡谷

三溪大峡谷景区内层峦叠翠，森林异常茂密；境内潭幽涧长，瀑美泉秀，峰奇岩怪，奇花异草。山峦、瀑布、潭水、溪流、谷地、植物等自然元素构成了良好的水体生态景观。

三溪大峡谷尤以“瀑多、潭幽”见长。谷内有八戒潭、桂花潭、熊猫潭、蛙鸣潭、瑶池等。它们或静影沉璧、倒影如画，或碧波荡漾、涟漪潋滟。有的深不见底，变幻莫测；有的水色剔透，清凉可口；有的清幽明净，一尘不染。

幽潭之上大多有瀑布高悬，如母子瀑、知秋瀑、玉带瀑、天门瀑、情侣瀑、彩石瀑等。这些或大或小的瀑布跌宕而下，水光迸射，声如交响乐。

如果说三溪峡谷中层层相叠的飞瀑是一曲交响乐的话，那么，缘峡谷一路而上，就好似在一曲悠扬清丽的二胡曲中漫步。那清幽的淙淙溪流，分明就是一曲清亮的二胡叙事曲，它叙述着山野的清幽、草木的荣枯、岁月的婀娜和天地的悠悠。这曲大自然写在崇山峻岭中的美妙之音，牵引着那一双双探寻之履。

从三溪村村头的水口亭开始，沿着蜿蜒的山道往山谷里走，一眼可望见远处巨大山崖上雕刻着一个大大的“福”字，鲜艳耀眼，引人注目。当绕行峡谷一周回到出口时，又一个更大的金黄色“寿”字镌刻在一块巨大的山崖上，与入口处的“福”字相互映照，彼此呼应。

福至寿归，这是人世间多么淳朴、真挚、美好的祝愿！河谷、溪流、山道边的树木经年累月，郁郁葱葱，许多老树干上长满了青苔和层层的菌菇，沧桑感十足。

三溪山中盛产野生蕨菜、猕猴桃、石耳、香榧等，泉润雾泽的山珍野味自然殊为珍贵。不过，采“三溪石耳”等山珍是件艰难的事，三溪山高林密，山上山下温差大。山民要采摘须攀悬崖，登陡壁，堪称得来不易。三溪峡中的山珍与其美景一般，是大自然给予人类的福报。

在三溪村的西南面，还可领略“小小竹排江中游，巍巍青山两岸走”的漂流之美。两岸群山环绕，风景秀丽。自上游漂流而下，沿途可观破石柳、千猪石、双龙戏珠、河东狮吼、歙砚石、藏经洞、地藏佛印石等大自然的鬼斧神工之作。

山水相依，满目青翠，乡村安好，自然和谐。三溪，好一幅皖南的山水画！

100 黄崖峡谷：瀑跌石百态

黄崖峡谷档案：

黄崖峡谷距石台县城5.5千米，与省级风景名胜慈云洞毗邻，为“醉山野”风景区的一部分。它九曲八弯，分布着30多条落差不等的瀑布，最为壮观的当数黄岩瀑布。

石台山美景奇。醉山野景区是其中一处可感受休闲之趣的地方。这里为国家AAAA级旅游景区，它北至石台与贵池县界，西至仁里镇与矶滩乡界，南至221省道及024县道，东以县道至铜铃坡道路为界，主要包含仁里镇缘溪村黄崖、慈云区块及贡溪村杉山区。

黄崖峡谷是醉山野景区的一部分，它位于七里镇缘溪村。境内峰绿山翠，森林丰茂，珍禽栖息，异兽出没。峡谷内九曲八弯，幽谧奇幻。谷底奇石纷呈、千姿百态，两旁鸟语花香、绿荫相拥，既有壮丽的山岳和秀丽的水景，还有神秘的溶洞和仙境般的高山湿地，这些共同构成一条自然生态走廊。

进入峡谷，沿栈道上行，走不多远就能听见轰隆隆的水声。前行不远，就能看见缘溪水坝。站在坝顶，扇形的瀑布宛如巨大的白色玉带，从坝壁飞流而下，壮观无比。

这里瀑布纷呈，或从峭壁或从石坝或从巨石上飞流直落，注入或深或浅的潭池，玉珠飞溅、银波闪烁，或音如交响，或声震聩耳。最为壮观的瀑布是黄岩瀑布，它高七八丈，宽则两丈余，宛如巨大的白色玉带，从绝壁飞流而下，注入山中碧潭，腾起阵阵白色飞雾，气势宏伟。

瀑下和谷涧深处，自成潭池。水急则潭深，流缓则潭浅，潭底草绿沙白，皆清晰可见。潭上山花无声绽放，又可闲听流水之音。这些溪流连接起来的一个个潭池，又如白玉、似翡翠，镶嵌在峡谷中，其水色之美、之透彻，让人想起李白写下的诗句“山鸡羞渌水，不敢照毛衣”。

黄崖大峡谷

面积最大的潭是慈云潭。一湖静谧，深绿逼人，山风微微，水波涟涟。地势最高的潭是青龙潭，潭水清冽甘美，即使大旱之年，山中百水枯竭，青龙潭水依然满溢外流。

峡谷中的溪流或轻缓蜿蜒，或奔腾不已。最浪漫的桥当属千花桥，桥上及四周布满了鲜花，桥下还有一个鲜花缠绕的青藤秋千，犹如一首诗所描述："竹桥生千花，花把秋千绕。蜂蝶来伴舞，疑是美人娇。"

素月桥是黄崖峡谷内最佳的赏月地。据说每到月圆时分，天上明月，水中月影，两两相望，偶有鹭鸟飞过，浮光掠影，翩若惊鸿，一派诗情画意。

路的尽头，是传说中窦真人窦子明修道成仙的飞仙台。站在飞仙台上，眺望苍翠山野，俯瞰幽谷深涧，仰首白云悠悠，鹰鸟御风盘旋，真是有一种飘飘欲仙、如临仙境的感觉。

图书在版编目(CIP)数据

江淮行·皖山 / 安徽省文化和旅游厅编.—合肥：
黄山书社,2018.12
（安徽文化旅游丛书）
ISBN 978-7-5461-8043-4

Ⅰ.①江… Ⅱ.①安… Ⅲ.①山-名胜古迹-介绍-安徽
Ⅳ.①K928.3

中国版本图书馆 CIP 数据核字(2019)第 001676 号

江淮行·皖山　　安徽省文化和旅游厅　编

项目策划　贾兴权　韩开元
项目统筹　张向奎　刘莉萍
责任编辑　张月阳
技术编辑　李　磊
装帧设计　尹　晨
出版发行　时代出版传媒股份有限公司(http://www.press-mart.com)
　　　　　黄山书社(http://www.hspress.cn)
地址邮编　安徽省合肥市蜀山区翡翠路 1118 号出版传媒广场 7 层　230071
印　　刷　合肥华云印务有限责任公司
版　　次　2021 年 3 月第 1 版
印　　次　2021 年 3 月第 1 次印刷
开　　本　710mm × 1010mm　1/16
字　　数　260 千字
印　　张　16.5
书　　号　ISBN 978-7-5461-8043-4/01
定　　价　48.00 元

服务热线　0551-63533706
销售热线　0551-63533761
官方直营书店(https://hsss.tmall.com)